중·고등학교 창의적 체험활동을 위한 데이터 분석 교재

R고 보면 쉬운 빅데이터와 인공지능

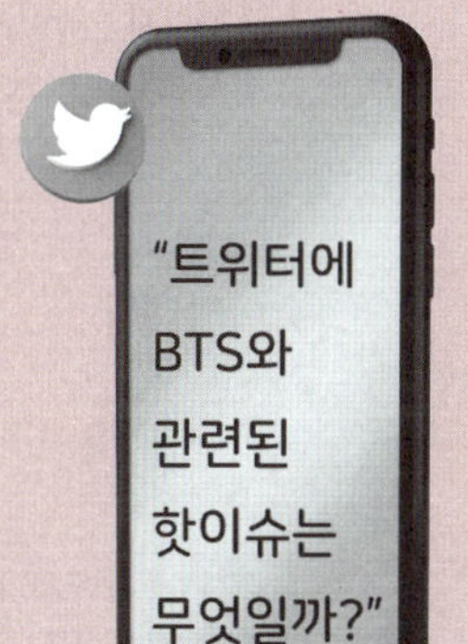

김계철 지음

황소걸음 아카데미
Slow & Steady

R고 보면 쉬운 빅데이터와 인공지능

펴낸날 | 2021년 7월 26일 초판 1쇄
지은이 | 김계철
만들어 펴낸이 | 정우진 강진영
디자인 | 김재석(carp518@hanmail.net)
펴낸곳 | 서울시 마포구 토정로 222 한국출판콘텐츠센터 420호
편집부 | (02) 3272-8863
영업부 | (02) 3272-8865
팩 스 | (02) 717-7725
홈페이지 | www.bullsbook.co.kr
이메일 | bullsbook@hanmail.net
등 록 | 제22-243호(2000년 9월 18일)

황소걸음
아카데미
Slow & Steady

ISBN 979-11-86821-58-9 43310

교재 검토용 도서의 증정을 원하시는 교수님은
이메일로 연락주시면 검토 후 책을 보내드리겠습니다.

머리말

우리는 매일 실시간으로 엄청난 양의 데이터의 생성과 인공지능 시스템이 하루가 다르게 발전하는 시대에 살아가고 있다. 데이터를 분석하고 예측하는 능력이 그 어느 때보다 중요한 시대가 되었으나 데이터는 해석하기에 따라 사실이 왜곡되어 잘못된 방향으로 결론이 도출되는 위험성도 있다. 이런 상황에서 스스로 데이터의 의미를 해석하고 분석하며 시각화하는 방법을 익힌다는 것은 미래 사회에 사용 가능한 새로운 언어를 강력한 무기로 장착하는 것과 다름이 없다고 생각한다.

교육부가 발표한 2015 개정 교육과정 창의 융합형 인재 6가지 핵심 역량의 세부적인 내용중 합리적 문제 해결을 위한 '지식정보 처리역량'이 포함되어 있다. 문제를 합리적으로 해결하기 위해서는 논리적, 비판적 사고 능력이 반드시 필수적이고 이 능력을 함양하기 위해서 데이터 분석 및 활용 교육은 아주 중요하다.

공공데이터 활용 교육 기부를 통한 사회적 가치와 책임을 실현하고자 지역 고등학교와 공공기관과의 협약을 체결하고 2019년부터 창의적 체험활동 데이터 동아리 활동을 지원하기 시작하였다. 관심과 열정이 높은 학생들과 함께 통계 교실 운영, 공공 데이터 포털을 활용한 분석, 통계 활용대회 및 데이터 분석 공모전 등 다양한 활동을 추진하였다. 지난 2년 동안 이루어진 내용과 경험들을 지역의 한 고등학교에만 국한하지 않고 학생 중심 맞춤형 통계와 데이터 분석 교재를 제작하여 다른 중·고등학교 학생들에게도 보급하는 것이 더 큰 교육적 의미가 있을 것이라는 생각을 하게 되었다.

예기치 못한 코로나 19 장기 상황에서도 대학입시를 앞둔 동아리 학생들과 온라인과 오프라인을 병행하면서 교재를 제작하고 완성하였다. 이 교재가 여러 중·고등학교 현장에 보급 확대되어 창의적 체험활동 및 진로진학에 유용하게 활용되길 바란다.

차례

〈빅데이터분석캠프 교육계획서〉

차시	주 제	학습목표	비 고
1	• 빅데이터 개요	• 빅데이터의 정의 및 출현배경을 학습한다. • 데이터의 유형 및 데이터 사이언티스트의 역량에 대해 학습한다.	
2	• 빅데이터 기술 및 제도	• 빅데이터 플랫폼의 정의와 인공지능과의 관계에 대해 학습한다.	
3	• 데이터 분석 기획	• 데이터 분석 기획을 통해 • 분석 방법론에 대해 학습 한다.	
4	• 통계의 기초 • 추론통계	• 통계의 기본 개념 및 기술통계에 대해 학습한다. • 표본분포 이론 및 추론통계에 대해 학습한다.	
5	• R의 설치 및 기본 문법 • 데이터 전처리	• R의 기초 및 문법을 학습한다. • 데이터 변환에 대해 학습한다.	
6	• 교차분석, 분산분석	• 교차분석 및 분산분석 실습을 통해 이론적 개념을 학습한다.	
7	• 상관분석,회귀분석	• 상관분석 및 회귀분석 실습을 통해 이론적 개념을 학습한다.	
8	• 머신러닝의 개요 • 의사결정나무	• 의사결정나무 실습을 통한 머신러닝의 데이터 분석 관점을 학습한다.	
9	• 모형평가 • 랜덤포레스트 • 인공신경망	• 분류분석의 개념 및 랜덤포레스트 및 인공신경망을 분석을 실습한다.	
10	• 데이터 시각화 • 비정형데이터 분석	• R을 통한 시각화를 구현한다. • SNS 추출을 통한 텍스트를 분석한다.	

Part I

빅데이터의 이해

01 빅데이터 개요

'빅데이터'란 기존의 관리 및 분석 체계로는 감당할 수 없을 정도의 거대한 데이터의 집합을 지칭한다. 과거 빅데이터는 천문·항공·우주 정보·게놈 등 특수분야에 한정되었으나 정보통신 기술의 발달에 따라 전 분야로 확산 되었으면 대규모 데이터와 관계된 기술 및 도구(수집·저장·검색·분석·시각화 등)도 빅데이터 범주에 포함된다.

1 빅데이터란?

1. 빅데이터의 정의

- (데이터 크기 관점) "빅데이터는 일반적인 데이터베이스 소프트웨어로 저장, 관리, 분석할 수 있는 범위를 초과하는 규모의 데이터이다."(McKinsey, 2011)
- (데이터 분석 관점) "빅데이터는 다양한 종류의 대규모 데이터로부터 저렴한 비용으로 가치를 추출하고 데이터의 초고속 수집·발굴·분석을 지원하도록 고안된 차세대 기술 및 아키텍처다."(IDC, 2011)
- (데이터 가치 관점) "빅데이터란 대용량 데이터를 활용해 작은 용량에서는 얻을 수 없었던 새로운 통찰이나 가치를 추출해내는 일이다. 나아가 이를 활용해 시장, 기업 및 시민과 정부의 관계 등 많은 분야에 변화를 가져오는 일이다."(Mayer-Schonberger & Crukier, 2013)

1) 빅데이터 구성요소

- 가트너의 애널리스트 더그 레이니는 연구 보고서에서 현재 가장 널리 사용되는 빅데이터의 속성을 3V 즉 규모(Volume), 다양성(Variety), 속도(Velocity)로 정의했다.
- IBM은 여기에 정확성 (Veracity) 요소를 더해 4V로 정의했고, 최근에는 가치(Value)를 포함하여 5V로 정의한다.

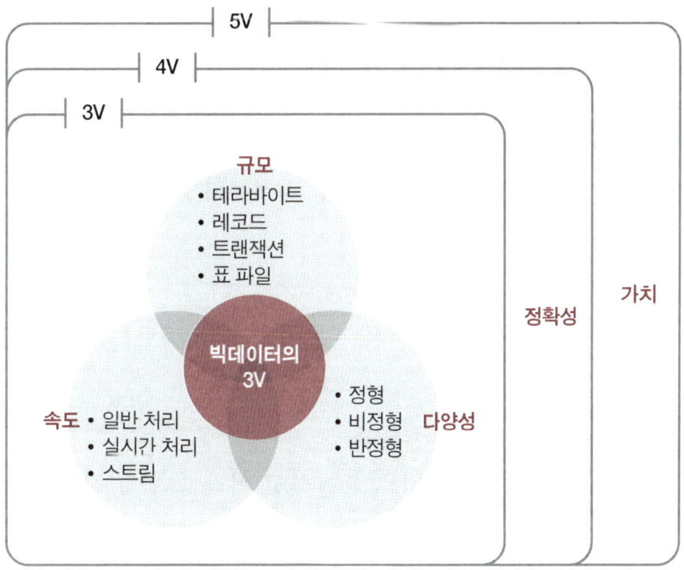

〈빅데이터의 5가지 요소〉

(1) 규모(Volume)

규모는 미디어나 위치 정보, 동영상 등과 같이 다루어야 할 데이터의 크기를 말하는 것이다. 물리적인 크기뿐만 아니라 현재의 기술로 처리 가능한 양인지, 불가능한 양인지에 따라 빅데이터를 판단하며, 기술의 발달에 따라 킬로바이트, 메가바이트, 기가바이트, 최근에는 테라바이트를 훌쩍 넘어 요타바이트까지를 빅데이터로 통칭한다.

(2) 다양성(Variety)

다양성은 다양한 종류의 데이터를 수용하는 속성을 말한다. 빅데이터는 형식이 정해져 있는 정형 데이터뿐만 아니라, 감시 카메라에서 생성되는 동영상, 개인이 디지털 카메라로 생성하여 웹 사이트에 올리는 사진, 소셜 네트워크 서비스로 전달되는 메시지, 물건에 부착되거나 주변에 설치된 센서에서 발생하는 RFID 태그나 센서 값 등 다양한 비정형 데이터도 생성한다.

(3) 속도(Velocity)

속도는 대용량의 데이터를 빠르게 처리하고 분석할 수 있는 속성을 말한다. 데이터를 자동으로 생성하는 센서, 스마트폰 등 데이터 생성 및 유통 채널의 다변화로 데이터 생성 속도가 빨라진다. 이는 처리 속도의 가속화를 요구한다.

(4) 정확성(Veracity)

정확성은 데이터에 부여할 수 있는 신뢰 수준을 말한다. 높은 데이터 품질을 유지하는 것은 빅데이터의 중요한 요구 사항이자 어려운 과제이다.

(5) 가치(Value)

빅데이터 분석을 통해 도출된 최종 결과물은 통찰력 있는 정보를 제공한다.

2) 광의의 빅데이터 정의

가트너의 3V 특성을 협의의 빅데이터로 분류하고 아래 그림과 같이 인재·조직, 데이터 처리·축적·분석 기술, 데이터(정형, 비정형 데이터)까지 포함하는 광의의 빅데이터 특성으로 정의한다.

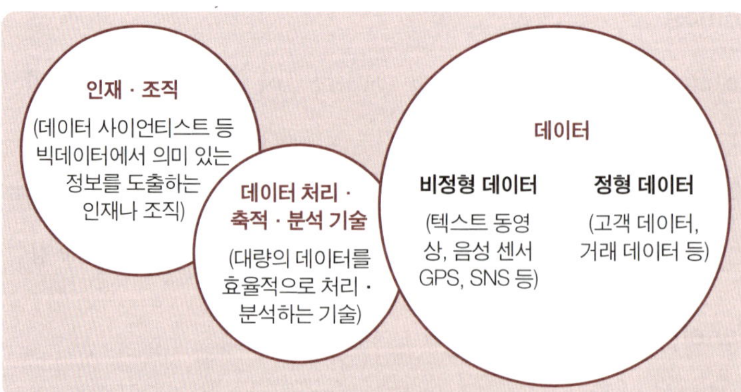

〈광의의 빅데이터 정의〉

빅데이터의 정의를 종합하면 빅데이터는 보는 관점의 범위에 따라

- 첫째, 3V로 요약되는 데이터 자체의 특성 변화에 초점을 맞춘 좁은 범위의 정의가 있다.
- 둘째, 데이터 자체뿐만 아니라 처리, 분석 기술적 변화까지 포함하는 중간 범위의 정의가 있다.
- 마지막으로 인재, 조직 변화까지 포함해 빅데이터를 넓은 관점으로 정의하는 방식이 있나.

2 빅데이터의 출현 배경

1. 빅데이터 출현 배경

① IT 기술의 발전

② IT 기기 및 서비스의 가격하락

③ SNS 확산

④ 센서 및 임베디드 시스템 증가

➔ 빅데이터 분석이 가능했던 결정적 기술로는 **클라우드 컴퓨팅**과 **분산 병렬처리 기법**이라 할 수 있다. 이를 통해 대규모 데이터 신속한 처리와 처리 비용을 하락시켜 빅데이터 분석의 경제성을 개선하였다.

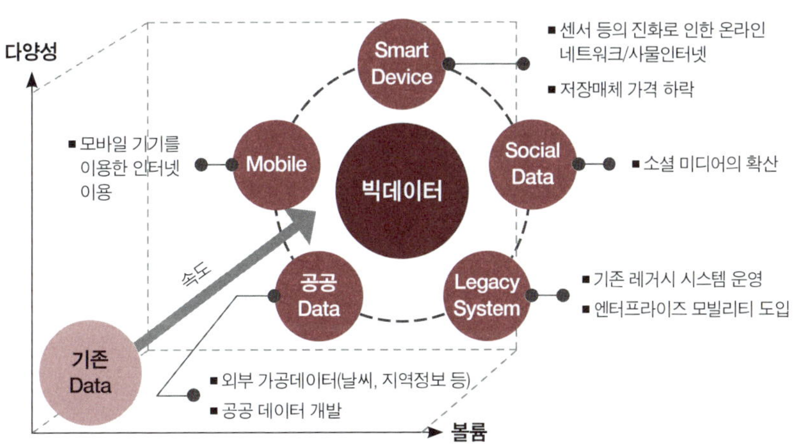

〈빅데이터 출현배경〉

용어정리

임베디드 시스템이란

내장형 체계. 기계장치를 사용하기 위해 기계 '내부에 탑재된' 컴퓨터를 뜻한다.

2. 빅데이터가 만들어내는 본질적인 변화

① 사전처리에서 사후처리 시대로–산업혁명 시대에 발전해온 것이 바로 정보의 사전처리(pre-processing) 방식이다. 빅데이터 시대에는 가능한 한 많은 데이터를 모으고 그 데이터를 다양한 방식으로 조합해 숨은 정보를 찾아낸다. 이른바 사후처리(post-processing) 방식이라고 부를 수 있다.

② 표본조사에서 전수조사로–빅데이터 시대가 되면서 많은 제약이 사라졌다. 데이터 수집 비용은 더는 문제가 되지 않았고, 클라우드 컴퓨팅 기술의 발전에 따라 데이터 처리 비용이 급격히 감소하고 있다.

③ 질보다 양으로–빅데이터 성공 사례로 자주 언급되는 구글의 자동번역 시스템 구축 과정은 데이터의 양이 질보다 중요함을 잘 보여준다. 빅데이터를 다룰 때, 질보다 양이 중요한 또 다른 이유가 있다. 데이터 수가 증가함에 따라 사소한 몇 개의 오류 데이터가 '대세에 영향을 주지 못하는' 경향이 늘어나기 때문이다.

④ 인과관계에서 상관관계로–기존의 과학적 발견법은 이론에 기초해서 수집할 변인을 결정하고 엄격한 실험을 통해 잘 정제된 데이터를 얻고 이를 정교한 이론적 틀에 맞춰 분석한 후 변수 간에 인과관계를 찾으려 했다. 이러한 접근법은 데이터를 얻는 데 드는 비용이 매우 비쌌던 시대의 모델이다. 그러나 신속한 의사결정을 원하는 비즈니스에서는 실시간 상관관계 분석에서 도출된 인사이트를 바탕으로 수익을 창출할 수 있는 기회가 점점 늘어나고 있다.

3 데이터의 이해

1. 데이터의 정의

① 데이터는 '객관적 사실(fact)'이라는 존재적 특성을 가진다.

➔ 데이터는 개별 데이터 자체로는 의미가 중요하지 않은 객관적인 사실을 말한다.

② 동시에 '추론 · 예측 · 전망 · 추정을 위한 근거(basis)'로 기능하는 당위적 특성을 가진다.

➔ 다른 객체와의 상호 관계 속에서 가치를 갖는다는 의미

2. 데이터의 유형

1) 데이터의 성격에 따른 분류

- 사용자 조사 방식에 따라 '정성적 데이터(Qualitative Data)', '정량적 데이터(Quantitative Data)'로 나누어진다.
- 정량적(Quantitative) 데이터란 통계에 너 조짐을 맞춘 데이터로, 측량하거나 분석이 가능한 수량적 데이터를 의미한다. 보통 정량적 데이터는 사용자의 행동과 의견을 계량화하기 위해 사용한다.
- 정성적(Qualitative Data) 데이터란 사용자 경험 및 구매 행태를 보여주는 기술적인 데이터를 의미하며, 사람들이 어떻게 생각하고 느끼는지에 초점을 맞춘다.

구분	형태	사례
정성적 데이터	언어, 문자 등	선호도조사처럼 특성을 측정하지는 않지만 특성을 설명한다.
정량적 데이터	수치, 기호, 도형 등	나이, 몸무게, 주가 등

2) 수집 데이터의 형태에 따른 분류

(1) 정형 데이터(Structured Data)

- 정형 데이터의 경우, 스키마 구조를 가지고 있기 때문에 데이터를 탐색하는 과정이 테이블 탐색, 컬럼(열) 구조 탐색, 로우(행) 탐색 순으로 정형화되어 있다.

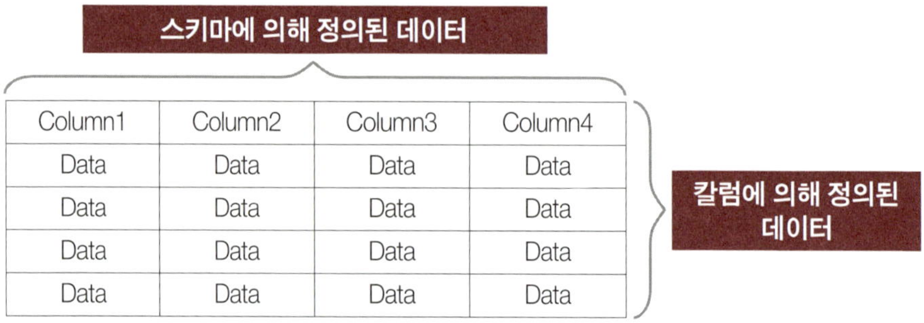

〈그림 정형데이터 구조〉

(2) 반정형 데이터(Semi-structured Data)

〈정형 데이터와 반정형 데이터의 차이〉

- 반정형 데이터의 경우 데이터 내부에 데이터 구조에 대한 메타정보를 갖고 있기 때문에 어떤 형태를 가진 데이터인지를 파악하는 것이 필요하다.
- 데이터 내부에 있는 규칙성을 파악해 데이터를 파싱할 수 있는 파싱 규칙을 적용한다.
  예) 대표적인 반정형 데이터인 JSON 파일의 형태


```
[{"Sepal.Length":5.1,"Sepal.Width":3.5,"Petal.Length":1.4,"Petal.Width":0
.2,"Species" :"setosa"},{"Sepal.Length":4.9,"Sepal.Width":3,"Petal.Length
":1.4,"Petal.Width":0.2,"Species":"setosa"},{"Sepal.Length":4.7,"Sepal.Wi
dth":3.2,"Petal.Length":1.3,"Petal.Width":0.2,"Species":"setosa"},{"Sepal.
Length":4.6,"Sepal.Width":3.1,"Petal.Length":1.5,"Petal.Width":0.2,"Speci
es":"setosa"}]
```


(3) 비정형 데이터(Unstructured Data)

- 데이터 세트가 아닌 하나의 데이터가 수집 데이터로 객체화되어 있다.

• 웹에 존재하는 데이터의 경우 HTML 형태로 존재하여 반정형 데이터로 구분할 수도 있다.

3) 데이터의 형태에 따른 분류

• 산업 전반의 데이터를 큰 범위로 정리하면 질적자료와 양적자료, 데이터의 특성을 토대로 분류하면 명목자료, 순서자료, 구간자료, 비율자료로 구분할 수 있다.

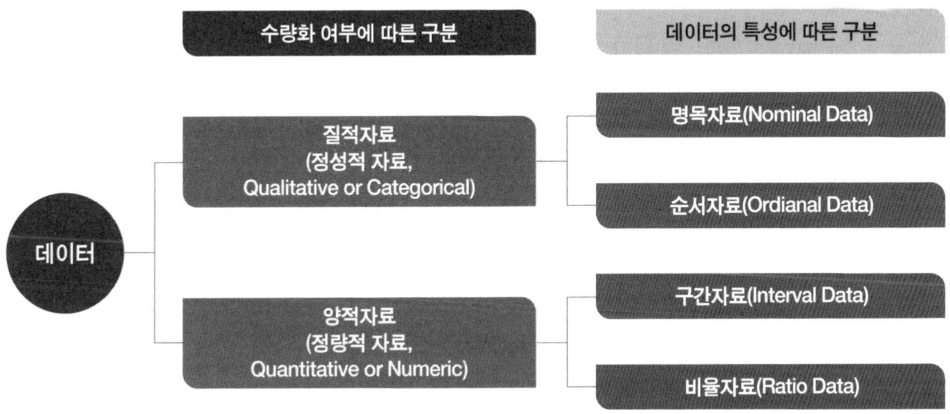

〈데이터의 형태 분류〉

• **수량화 여부에 따른 구분**

① 질적자료(정성적 자료, Qualitative or Categorical)

• 범주 또는 순서 형태의 속성을 가지는 자료

명목자료(범주형 자료, Nominal Data)	사람의 피부색, 성별, 혈액형
순서자료(순위자료, Ordinal Data)	제품의 품질, 등급, 순위

② 양적자료(정량적 자료, Quantitative or Numeric)

• 관측된 값이 수치 형태의 속성을 가지는 자료

구간자료(범위형 자료, Interval Data)	화씨, 섭씨와 같이 수치 간에 차이가 의미를 가지는 자료
비율자료(Ratio Data)	무게와 같이 수치의 차이 뿐만 아니라 비율 또한 의미를 가지는 자료

- **데이터의 특성에 따른 구분**

① 명목자료(Nominal Data)

- Nominal(이름과 관련한)이란 수식어에서 알 수 있듯이 여러 카테고리들 중 하나의 이름에 데이터를 분류할 수 있을 때 사용됨
- 순서를 매길 수 없고 그냥 셀 수 있음
- 명목자료가 두 개의 범주 중 하나에 속하는 경우 이분자료(Dichotomous Data)라고 함
  예) 남자 vs 여자
- 평균을 계산하는 것이 의미가 없음

② 순서자료(Ordinal Data)

- 데이터가 속하는 카테고리들에 순서가 있는 경우
  예) 특정 질문에서 아래보기와 같이 설문조사를 하는 경우의 답변 디자인
  매우 높다(5)–높다(4)–보통(3)–낮다(2)–매우 낮다(1)

③ 구간자료(Interval Data)

- 사이(구간)의 간격이 동일한 경우
  예) 11:00와 11:05의 차이는 15:55과 16:00의 차이와 동일함
- 수치(Numeric Value)를 가지므로 다양한 연산을 수 데이터의 연속된 측정 구간에 행할 수 있음
- 절대적 원점(Zero Point)이 없음
  예) 시간 00:00
  정한 시간의 값이 없다는 게 아니라 그냥 자정에 시간을 측정했다는 뜻

④ 비율자료(Ratio Data)

- 절대적 원점(Meaningful Zero Point)이 존재하는 자료
- 모든 사칙연산이 가능함

3. 데이터와 지식

- 지식의 차원에 대해 가장 널리 활용되고 있는 것은 Polanyi(1966)가 두 가지 차원으로 구분한 암묵지와 형식지이다.
- 암묵지: 학습과 체험을 통하여 개인에게 습득되지만 겉으로는 드러나지 않는 상태의

지식(예: 관찰, 모방, 현장 작업과 같은 경험을 통해 획득할 수 있는 지식)

- 형식지: 암묵지가 문서나 매뉴얼처럼 외부로 표출되어서, 여러 사람이 공유할 수 있는 지식(예: 책, 설계도 등 체계화된 재료 등을 통해서 획득할 수 있는 지식)

➔ 데이터는 지식경영의 핵심 이슈인 암묵지와 형식지의 상호작용 역할을 한다.

1) 암묵지와 형식지의 상호작용

- 공통화(Socialization): 임묵지 지식 노하우를 다른 사람에게 알려줌.
- 표출화(Externalization): 암묵지 지식 노하우를 책, 교본 형식으로 전환함.
- 연결화(Combination): 책, 교본에 자신이 알고 있는 새로운 지식을 추가함.
- 내면화(Internalization): 만들어진 책, 교본을 보고 다른 직원의 암묵적 지식을 습득함.

4. 데이터와 정보의 관계

- DIKW 피라미드(Data Information Knowledge Wisdom)에서는 데이터, 정보, 지식을 통해 최종적으로 지혜를 얻어내는 과성을 계층구조로 설명하고 있다.

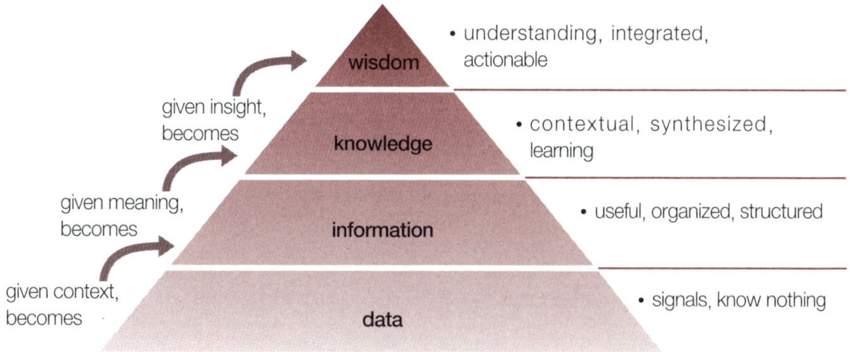

〈DIKW 계층구조〉

- Data: 존재 형식을 불문하고, 타 데이터와 상관관계가 없는 가공하기 전의 순수한 수치나 기호

➔ A 마트 100원, B 마트는 200원에 연필을 판매한다.

- Information: 데이터의 가공 및 상관관계 간 이해를 통해 패턴을 인식하고 의미를

부여

➔ A 마트의 연필 가격이 더 싸다.

- Knowledge: 상호 연결된 정보 패턴을 이해하여 이를 토대로 예측한 결과물

➔ 상대적으로 저렴한 A마트에서 연필을 사야겠다.

- Wisdom: 근본 원리에 대한 깊은 이해를 바탕으로 도출되는 아이디어

➔ A마트의 다른 상품들도 B마트보다 쌀 것이라고 판단한다.

4 빅데이터 영향

빅데이터는 가치 창출 방식에 있어 경제 부문, 공공 부문, 사회 부문에 영향을 미치고 있으며, 그 영향은 다양하게 나타날 수 있다. 빅데이터를 통해 창출된 가치는 산업과 기업에게 있어서는 혁신의 원동력을 제공할 수 있고 이를 통해 경쟁력을 향상시킬 수가 있으며, 나아가 생산성의 향상을 통해 기업 전반의 효율성을 높여주는 역할을 한다.

1. 경제 부문

먼저 기업에서는 빅데이터를 활용하여 소비자의 행동 해명을 분석하고 이를 통해 시장의 동향을 예측하여 기업이 기존에 가지고 있던 비즈니스 프로세스의 문제점을 파악하고 개선 및 수정을 통해 기업의 비즈니스에 도움을 줄 수 있다. 또한, 기존에 기업에서 가지고 있던 정보시스템으로부터 생성되는 비즈니스 전반의 데이터 활용으로 원가 절감, 제품 차별화가 가능해졌다. 과거에는 생산 과정에서 발생하는 데이터의 양이 적었을 뿐만 아니라 역량 부족으로 인해 제대로 활용되지 않고 버려지곤 했으나 기술의 발달에 힘입어 손실을 줄이고 생산성을 높이는 데 데이터가 활용될 수 있게 되었다.

2. 공공 부문

정부의 경우 빅데이터를 활용하기 위해 많은 노력을 경주하고 있다. 그 중에서 환경을 탐색하거나 상황에 대한 분석, 사회적인 현안, 미래에 대한 대응 등을 위해 빅데이터를 활용하고 있다. 이를 위해 정부는 공공데이터인 기상 데이터, 인구 데이터, 각종 통계지표 등을 수집하고 이를 토대로 하여 전반적인 재난 및 재해에 대한 정보를 추출할 수 있

게 된다.

3. 사회 부문

빅데이터가 사회 부문에 미치는 영향은 매우 크고 흥미롭다고 할 수가 있다. 빅데이터 분석을 통해 사회적 약자를 위한 활동들을 수행하는데 도움을 줄 수 있으며, 다양한 사회직 기회를 창출할 수 있도록 도움을 줄 수도 있다.

5 빅데이터 분석을 위한 역량

1. 데이터 사이언스 의미와 역할

- 데이터 사이언스는 정형 또는 비정형을 막론하고 인터넷, 휴대전화, 감시용 카메라 등에서 생성되는 숫자와 문자, 영상 정보 등 다양한 유형의 데이터를 대상으로 한다.
- 데이터 사이언스는 전략적 통찰을 추구하고 비즈니스 핵심 이슈에 답을 하고, 사업의 성과를 견인해 나갈 수 있다. 이것이 단순한 데이터 분석과 데이터 사이언스를 가른다.
- 데이터 사이언스란 정형,비정형 데이터를 포함한 다양한 데이터로부터 지식과 인사이트(insight) 추출하는데 과학적 방법론, 프로세스, 알고리즘을 활용하는 융합 분야라고 할 수 있다.

2. 데이터 사이언스의 구성요소

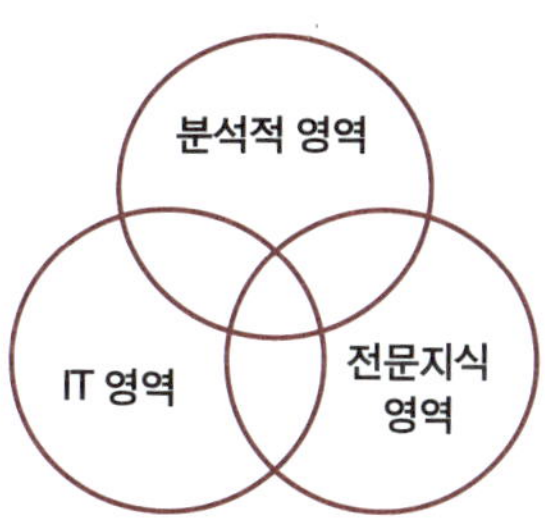

〈데이터 사이언스의 핵심 구성 요소〉

① IT(Data Management) ② Analytics(분석적 영역) ③ 도메인 영역

3. 데이터 사이언티스트의 역량

- 빅데이터 환경에서 일하는 데이터 사이언티스트들은 주로 데이터 처리 분석 기술과 관련된 하드 스킬만 요구받고 있는 것처럼 보인다.
- 하지만 이러한 하드 스킬은 데이터 사이언티스트가 갖춰야 하는 능력의 절반에 불과하다. 나머지 절반은 통찰력 있는 분석, 설득력 있는 전달, 협력 등 소프트 스킬이다.
- Hard Skill

① 빅데이터에 대한 이론적 지식: 관련 기법에 대한 이해와 방법론 습득

② 분석 기술에 대한 숙련: 최적의 분석 설계 및 노하우 축적

- Soft Skill

① 통찰력 있는 분석: 창의적 사고, 호기심, 논리적 비판

② 설득력 있는 전달: 스토리텔링, Visualization

③ 다분야 간 협력: Communication

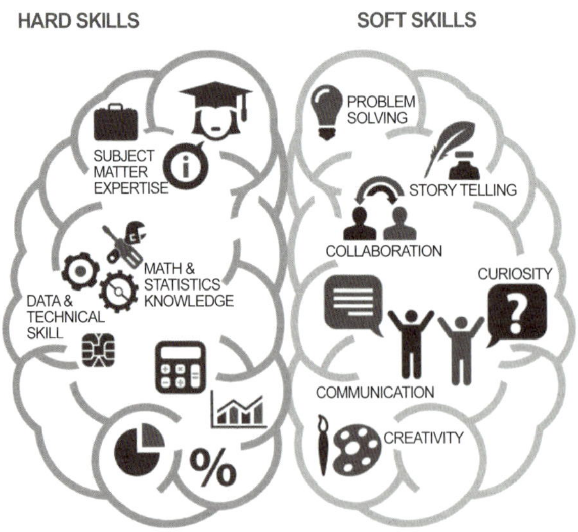

〈데이터 사이언티스트의 요구 역량〉

02 빅데이터 기술 및 제도

① 빅데이터 플랫폼

1. 빅데이터 플랫폼의 정의

- 빅데이터 플랫폼은 다양하고 방대한 양의 데이터로부터 수집한 데이터를 처리하고, 분석하여 지식을 추출함으로써 지능화된 서비스를 제공하기 위한 IT 환경이다.

1) 빅데이터 플랫폼 구성 및 기능

- 빅데이터 플랫폼을 구성하는 구성 요소는 빅데이터 수집, 저장, 처리, 분석, 표현 측면에서 구분할 수 있다. 각 구성요소가 제공해야 하는 주요 기능은 다음과 같다.

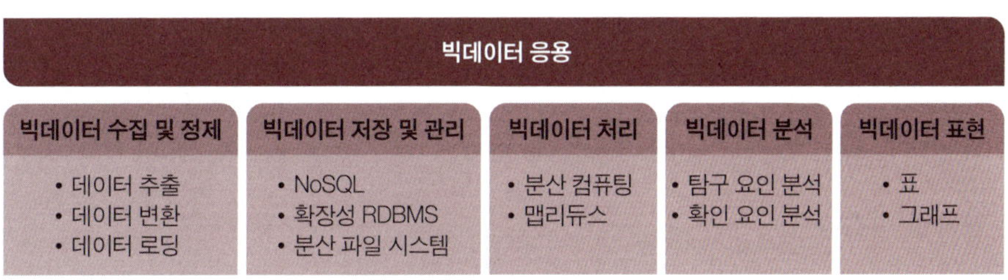

〈빅데이터 플랫폼 구조〉

(1) 빅데이터 수집 및 정제

- 정형, 반정형, 비정형 데이터가 혼재되어 있어 부정확한 데이터를 수집하면 빅데이터를 처리·분석할 때 비효율성이 발생하기 때문에 데이터 수집 및 정제에도 기술이 필요하다.
- 데이터 정제는 데이터 품질을 향상시키기 위해 데이터의 오류 및 불일치를 감지하고 제거한다.
- 이 단계에서는 ETL 프로세스가 데이터 추출, 변환, 로딩을 수행하며, 이를 데이터웨어하우스에서 데이터를 관리하는데 중요한 역할을 한다.

(2) 빅데이터 저장 및 관리

- 빅데이터의 용량과 다양성의 속성 때문에 데이터베이스 시스템에서 확장성이 중요한 관심사가 되었다.
- 하지만 기존 관계형 데이터베이스 관리 시스템으로는 이를 보장하는 데 한계가 있기 때문에 NoSQL이나 확장성을 지원하는 RDBMS 연구가 진행되었다.

① NoSQL

- NoSQL이란 관계형 데이터 모델과 SQL 문을 사용하지 않는 데이터베이스 시스템 혹은 데이터 저장소를 의미한다.
- 문자 그대로 No SQL 또는 Not Only SQL이라고도 한다. 기존 RDBMS가 분산 환경에 적합하지 않기 때문에 이를 극복하기 위해 NoSQL이 고안된 것이다.
- NoSQL의 데이터베이스는 단순하게 Key와 Value의 형태로 저장하고 빠르게 조회할 수 있는 자료 구조를 제공하는 저장소이다.
- 전통적인 RDBMS처럼 복잡한 연산 기능, 데이터 무결성을 제공하지는 않지만 대용량 데이터와 대규모 확장성을 제공한다.

② 분산파일 시스템

- 데이터가 단일 물리 머신의 저장 용량을 초과하게 되면 전체 데이터셋을 분리된 여러 머신에 나눠서 저장할 필요가 있다. 네트워크로 연결된 여러 머신의 스토리지를 관리하는 파일시스템을 분산 파일 시스템이라고 한다.
- 기존의 정형 데이터의 경우 RDBMS에 저장할 수 있지만, 웹 로그 같은 비정형데이

터를 RDBMS에 저장하기에는 데이터 크기가 너무 크다. 상용 RDBMS가 설치되는 곳은 대부분 고가의 장비인데, 데이터를 감당하기 위한 스토리지를 무한정 늘릴 수도 없었다.

- 기존 RDBMS는 데이터가 저장된 서버에서 데이터를 처리하는 방식이지만 분산파일 시스템은 여러 대의 서버에 데이터를 저장하고, 데이터가 저장된 각 서버에서 동시에 데이터를 처리하는 방식이다.

(3) 빅데이터 처리

- 수집 및 정제된 데이터를 효과적으로 분석하는 처리 기술이 필요한 단계로, 보통 작업을 병렬 및 분산 처리하여 성능을 향상시킨다.
- 분산 시스템은 네트워크에서 분산된 컴퓨터를 단일 시스템 형태로 구동하는 개념으로, 병렬 시스템은 문제 해결을 위해 CPU 등의 자원을 데이터 버스나 지역 통신 시스템 등으로 연결하여 분할된 작업을 동시에 처리함으로써 계산 속도를 빠르게 하는 개념으로 생각할 수 있다.

(4) 빅데이터 분석

- 빅데이터 분석 단계에서는 데이터를 효과적으로 분석하는 기술이 필요하다.
- 데이터 분석은 크게 탐구 요인 분석(Exploratory Factor Analysis,EFA)과 확인 요인 분석(Confirmatory Factor Analysis,CFA)으로 구분한다.
- EFA는 데이터 간 상호 관계를 파악하여 데이터를 분석하는 방법이고, CFA는 관찰된 변수들의 집합 요소의 구조를 파악하기 위한 통계적 기법을 통해 데이터를 분석하는 방법이다.
- 현재 빅데이터 분석을 위한 다양한 분석 기법이 개발되어 있고 상황에 맞는 적절한 분석 기법의 선택이 중요한 문제이다.

(5) 빅데이터 시각화

- 빅데이터 표현 단계에서는 빅데이터 처리 및 분석 결과를 사용자에게 보여 주는 기술이 필요하다. 처리 및 분석된 결과를 표, 그래프 등을 이용해 쉽게 이해할 수 있도록 표현하여 결과를 더 효과적으로 분석할 수 있도록 해야 한다.

2 빅데이터와 인공지능

1. 인공지능(AI:Artificial Intelligence)

1) 인공지능의 정의

- 인공지능은 학자들 사이에서 다양하게 정의되고 있다. 다양한 정의를 종합하면 인지, 추론 등을 통한 학습과 문제해결 등 인간의 사고 능력을 기계적으로 구현해 자동화한 시스템을 의미한다.
- 인공지능이라는 용어는 1950년대 다트머스 회의에서 처음 사용됐다. 다트머스 회의 이후 인공지능은 활발히 연구됐고 논리적인 분야에서 많은 성과를 냈다.
- 1980년대에 전문가의 지식을 논리적인 규칙으로 생성해 특정 영역에 대한 사람의 질문에 답할 수 있는 인공지능으로서 전문가 시스템이 부상한다.
- 2012년에 제프리 힌튼(Geoffrey Hinton) 캐나다 토론토대학 교수 연구실이 IMAGE-NET(이미지인식 경진대회)에서 딥러닝 알고리즘을 활용해 우승하면서 인공지능의 각광을 받게 된다.

2) 강한 인공지능과 약한 인공지능으로 분류

① 강한 인공지능 (strong AI)

- 사람과 같은 지능
- 마음을 가지고 사람처럼 느끼면서 지능적으로 행동하는 기계
- 추론, 문제해결, 판단, 계획, 의사소통, 자아의식(self-awareness), 감정(sentiment), 지혜(sapience), 양심(conscience)

② 약한 인공지능 (weak AI, narrow AI)

- **특정 문제를 해결**하는 지능적 행동
- 사람의 지능적 행동을 흉내 낼 수 있는 수준
- 대부분의 인공지능 접근 방향

➔ **현재 대부분의 인공지능 발전 방향은 약한 인공지능**

3) 인공지능의 역사

연도	주요 특징
1960년대 이전	1946년 펜실베니아 대학, ENIAC 개발 LISP 언어 개발 (McCarthy, 1958) Advice Taker—공리(axiom) 기반 지식표현 및 추론 (McCarthy) Perceptron—신경망 모델 (Rosenblatt, 1958)
1970~1980	일반적인 방법보다는 특정 문제 영역에 효과적인 방법을 찾는 연구 전문가 시스템(expert system) • 특정 영역의 문제에 대해서는 전문가 수준의 해답을 제공 • 1970년대 초반부터 1980년대 중반 상업적 성공 사례 • MYCIN(혈액진단), PROSPECTOR(광물탐사), DENDRAL(분자구조)
1980~1990	신경망 모델 발전 • 다층 퍼셉트론(multi-layer Perceptron, MLP) • 오차 역전파(error backpropagation) 알고리즘 퍼지이론(fuzzy theory) 진화연산: 유전자 알고리즘, 진화 프로그래밍 확률적 그래프 모델 • 베이지안 네트워크(Bayesian network) • 마르코프 랜덤 필드(Markov random field) 서포트 벡터 머신(Support Vector Machine, SVM)
2000년 이후	에이전트(agent) 시맨틱 웹(semantic web) 기계학습(machine learning) 데이터 마이닝(data mining) 심층 학습(deep learning, 딥러닝)

4) 인구지능의 기술

(1) 탐색(Search)

- 문제의 답이 될 수 있는 것들의 집합을 공간(space)으로 간주하고, 문제에 대한 최적의 해를 찾기 위해 공간을 체계적으로 찾아 보는 것
  예) 무정보탐색, 휴리스틱 탐색, 게임트리 탐색

(2) 지식표현(knowledge representation)

- 문제 해결에 이용하거나 심층적 추론을 할 수 있도록 지식을 효과적으로 표현하는 방법

  예) IF-THEN 규칙(rule), 의미망(semantic net), 확률 그래프 모델, 함수 기반 지식 표현

(3) 추론(inference)

- 가정이나 전제로부터 결론을 이끌어내는 것
- 관심 대상의 확률 또는 확률분포를 결정하는 것

  예) 베이즈 정리(Bayesian theorem)

(4) 기계 학습(machine learning)

- 경험을 통해서 나중에 유사하거나 같은 일(task)을 더 효율적으로 처리할 수 있도록 시스템의 구조나 파라미터를 바꾸는 것
- 알고 있는 것으로부터 모르는 것을 추론하기 위한 알고리즘을 만드는 것

용어정리

지도학습(supervised learning)

문제(입력)와 답(출력)의 쌍으로 구성된 데이터들이 주어질 때, 새로운 문제를 풀 수 있는 함수 또는 패턴을 찾는 것

비지도학습(unsupervised learning)

답이 없는(목표변수) 문제들만 있는 데이터들로부터 패턴을 추출하는 것

강화학습(reinforcement learning)

문제에 대한 직접적인 답을 주지는 않지만, 경험을 통해 기대 보상(expected reward)이 최대가 되는 정책(policy)을 찾는 학습

2. 딥러닝(Deep Learning)

- 딥러닝(Deep Learning)은 머신러닝의 일종으로, 은닉층을 깊게 쌓은 인공신경망을 사용해 기계가 학습한다.
- 머신러닝에서는 사람이 특징 추출을 해야 하나, 딥러닝에서는 기계가 특징 추출을 할 수 있다. 딥러닝의 연속된 은닉층에서 점진적으로 의미 있는 특징을 학습할 수 있기 때문이다.

1) 데이터 측면을 고려한 딥러닝

- 딥러닝 구축 시 품질에 영향을 주는 요소는 학습데이터의 양과 질이다. 양질의 학습데이터를 확보하는데 많은 비용과 시간이 소요되므로 인공지능을 활용하는 데 큰 장벽이 되고 있다.
- 딥러닝에서 학습데이터에 대한 비용을 절감할 수 있는 방향으로 알고리즘이 진화하고 있다. 기계가 스스로 레이블을 만들어 학습하는 방법인 자기지도학습과 다른 분야에서 학습한 모델을 이용해 적은 학습데이터로도 좋은 성능을 낼 수 있도록 하는 방법인 전이학습에 대한 연구가 활발히 진행되고 있다.

용어정리

자기지도학습

레이블이 없는 데이터들을 이용해 사용자가 새로운 문제를 정의하며 레이블도 자동으로 생성하는 것이다. 이를 자기지도학습 방법이라 한다.

전이학습

학습에 사용할 만한 양질의 데이터가 충분히 확보되지 못하거나, 학습시간을 단축시키고자 할 때, 다른 분야의 풍부한 데이터를 바탕으로 한 좋은 성능의 모델에서 일부 계층을 재활용해 모델을 구축하는 학습방식이다.

2) 딥러닝과 머신러닝 차이

① 데이터 의존도(Data dependencies)

머신러닝과 딥러닝의 차이점으로 데이터 양에 따른 성능 차이가 있다. 딥러닝은 주어진 문제를 해결하기 위해 중요한 특성(feature)을 직접 찾아낸다. 따라서 딥러닝의 경우 데이터의 양이 충분하지 않다면 성능에 한계가 있으며, 반면 충분한 데이터가 주어진다면 사람이 인지하지 못한 더 주요한 특성을 찾아낼 수 있다.

② 특성 추출(Feature extraction)

딥러닝은 분류(classification)에 사용될 데이터를 스스로 학습할 수 있는 반면, 머신러닝은 학습 데이터를 가공하거나 특정 feature에 대한 정보만을 학습할 수 있다는 점이다. 개와 고양이를 분류하기 위해 사람은 귀의 모양을 중요하다고 생각하고 이에 대한 정보를 데이터화 하여 머신러닝에 활용할 수 있다. 하지만 딥러닝은 개와 고양이를 구분하기 더 좋은 특성을 찾는다.(예: 꼬리의 길이).

Part II

데이터 분석 기획

01 분석 방안 수립

01 분석 방안 수립

1 데이터 분석 기획

1) 데이터 분석 기획의 특징

- 분석 기획이란 실제 분석을 수행하기에 앞서 분석을 수행할 과제의 정의 및 의도 했던 결과를 도출할 수 있도록 이를 적절하게 관리할 수 있는 방안을 사전에 계획 하는 일련의 작업이다.
- 분석 과제 및 프로젝트를 직접 수행하는 것은 아니지만, 어떠한 목표(What)를 달성하기 위하여 어떤 데이터를 가지고 어떤 방식(How)을 수행할지에 대한 일련의 계획을 수립하는 작업이기 때문에 성공적인 분석 결과를 도출하기 위한 중요한 사전 작업이다.
- 다음 그림을 통해 알 수 있듯이 세 가지 영역에 대한 고른 역량과 시각이 필요하다. 분석을 기획한다는 것은 해당 문제 영역에 대한 전문성 역량 및 통계학적 지식을 활용한 분석역량과 분석의 도구인 데이터 및 프로그래밍 기술 역량에 대한 균형 잡힌 시각을 가지고 방향성 및 계획을 수립해야 한다는 것을 의미한다.

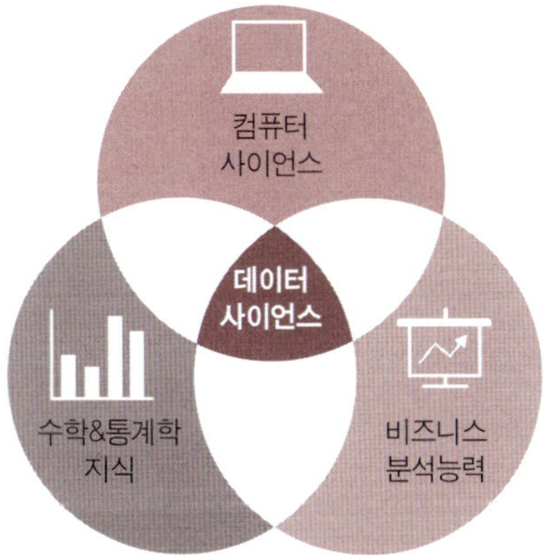

〈데이터 사이언스 역량〉

(1) 분석 주제 유형

- 분석의 대상 및 분석의 방법에 따라서 아래 그림과 같이 4가지로 나누어진다.
- 분석의 주제 및 기법의 특성상 이러한 4가지 유형은 서로 융합적으로 반복하게 된다.

① Optimization: 분석 대상 및 분석 방법을 이해하고 현 문제를 최적화의 형태로 수행

② Solution: 분석 과제는 수행되고, 분석 방법을 알지 못하는 경우 솔루션을 찾는 방식으로 분석 과제 수행

③ Insight: 분석 대상이 불분명하고, 분석 방법을 알고 있는 경우 인사이트 도출

④ Discovery: 분석 대상, 방법을 모른다면 발견을 통하여 분석 대상 자체를 새롭게 도출

		분석의 대상(what)	
		Known	Un-Known
분석의 방법(How)	Known	최적화(Optimization)	통찰(Insight)
	Un-Known	솔루션(Solution)	발견(Discovery)

〈분석 주제 유형〉

(2) 목표 시점별 분석 기획 방안

- 목표 시점별로는 당면한 과제를 빠르게 해결하는 "과제 중심적인 접근 방식"과 지속적인 분석 내재화를 위한 "장기적인 마스터플랜 방식"으로 나누어 볼 수 있으며 이 둘은 융합적으로 적용하는 것이 바람직하다.

당면한 분석 주제의 해결 (과제 단위)		지속적 분석 문화 내재화 (마스터플랜 단위)
Speed & Test	〈1차 목표〉	Accuracy & Deploy
Quick-Win	〈과제의 유형〉	Long Term View
Problem Solving	〈접근방식〉	Problem Definition

〈목표 시점별 분석 기획 방안〉

(3) 분석기획 시 고려사항

① 가용한 데이터(Available Data)

➔ 분석을 위한 데이터의 확보가 필수적이다. 데이터 유형에 따라서 적용 가능한 솔루션 및 분석 방법이 다르기 때문에 유형에 대한 분석이 선행적으로 이루어져야 한다.

② 적절한 유스케이스(Proper Use-Case) 탐색

➔ 유사 분석 시나리오 및 솔루션이 있다면 이를 최대한 활용하는 것이 중요하다.

③ 장애 요소들에 대한 사전 계획 수립이 필요(Low Barrier of Execution)

➔ 정확도를 올리기 위해서는 기간과 투입 리소스가 늘어나게 되는데 이것은 비용 상승으로 이어질 수 있으므로 많은 사전 고려가 필요하다.

2 분석문제 정의

- 분석 과제는 풀어야 할 다양한 문제를 데이터 분석 문제로 변환한 후 이해관계자들이 이해하고 프로젝트로 수행할 수 있는 분석 과제 정의서 형태로 도출된다.
- 분석 과제를 도출하기 위한 방식은 크게 하향식 접근 방법(Top Down Approach)과 상향식 접근 방법(Bottom Up Approach)이 있다.

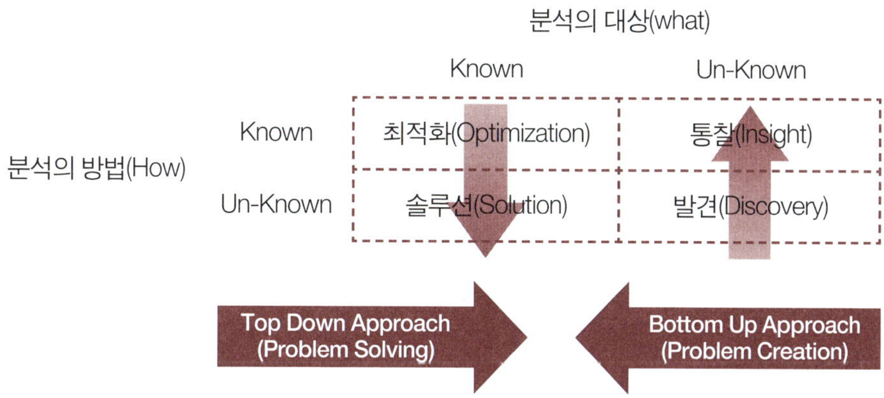

〈분석 과제 도출의 유형〉

• 분석 과제 발굴을 두 가지 방법으로 나누었지만, 실제 새로운 상품을 개발하거나 전략수립 등 중요한 의사결정을 할 때에는 상향식 접근 방법과 하향식 접근 방법이 혼용이 되어 사용되며, 동적인 환경에서 분석의 가치를 높일 수 있는 최적의 의사결정을 위해서는 두 가지 접근방식이 상호보완 관계 있을 때 가능하다.

1) 상향식 접근(Bottom-Up) 형태의 프로세스 분석을 통해 요구 사항을 분석한다.

하위 단위 비즈니스 프로시저, 프로세스를 통해 비즈니스를 분석하여 분석 요건을 식별하고 정의한다.

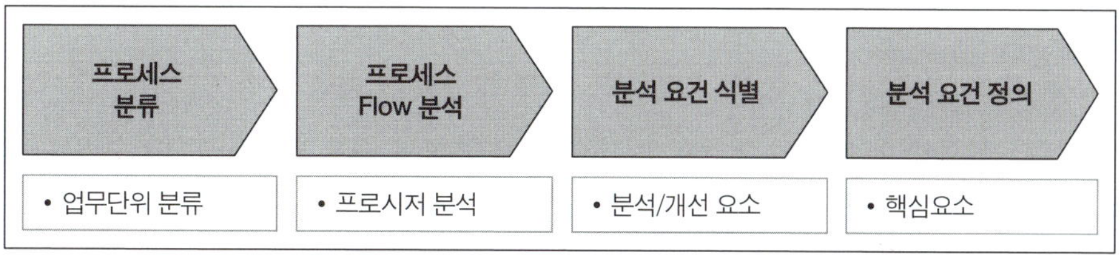

〈업무 프로세스 분석 절차〉

(1) 프로세스를 분류한다.

• 비즈니스 전사의 업무 프로세스를 핵심 업무, 가치 사슬, 프로세스의 연관 및 연계성을 고려하여 단계별로 구조화하고 업무 프로세스를 정의한다.

(2) 프로세스의 흐름을 분석한다.

- 각 프로세스별로 Process-Map을 통해 비즈니스의 흐름을 상세히 파악하고 도식화하여 표현하며, 이를 기반으로 고객의 니즈를 도출하여 파악한다.

(3) 분석 요건을 식별한다.

- 도식화된 Process-Map과 시나리오를 기반으로 각 업무 담당자 및 이해관계자를 통해 도출한 요구 사항을 기반으로 주요 의사결정 요소 및 분석 요건을 식별한다.

(4) 분석 요건을 정의한다.

- 의사결정 시점 및 이에 따라 필요한 요소를 파악하고, 고객의 기대 사항과 요구 사항을 충족할 수 있는 핵심 요소를 구조화된 도구를 통해 분석 요건을 정의한다.

2) 하향식 접근방식(Bottom Up) 형태의 분석 과제 도출

- 문제의 정의 자체가 어려운 경우 데이터를 기반으로 문제의 재정의 및 해결 방안을 탐색하고 이를 지속적으로 개선하는 방식이며, 일반적으로 상향식 접근 방식의 데이터 분석은 비지도학습(Unsupervised Learning) 방법에 의해 수행된다.
- 통계적 분석에서는 인과관계(원인과 결과) 분석을 위해 가설을 설정하고 이를 검정하기 위해 모집단으로 표본을 추출하고, 그 표본을 이용한 가설검정을 실시하는 방식으로 문제를 해결한다.
- 그러나 빅데이터 환경에서는 이와 같은 논리적인 인과관계 분석뿐만 아니라 상관관계분석 또는 연관분석을 통하여 다양한 문제 해결에 도움을 받을 수 있다. 즉 인과관계로부터 상관관계 분석의 이동이 빅데이터 분석에서 주요 변화라고 할 수 있다.
- 상향식 접근방법은 결국 다양한 원천 데이터로부터 분석을 통하여 통찰력과 지식을 얻는 접근방법을 말한다.

용어정리

비지도학습

비지도학습은 데이터 분석의 목적이 명확히 정의된 형태의 특정 필드 값을 구하는 것이 아니라, 데이터 자체의 결합, 연관성, 유사성 등을 중심으로 데이터의 상태를 표현하는 것이다.

3 데이터 분석 방안

1. 분석 방법론의 개요

- 데이터 분석을 효과적으로 기업에 정착하기 위해서는 이를 체계화하는 절차와 방법이 정리된 데이터 분석 방법론의 수립이 필수적이다.
- 일반적으로 방법론은 계층적 프로세스 모델(Stepwised Process Model)의 형태로 구성된다.
- 최상위 계층은 단계(Phase)로서 프로세스 그룹(Process Group)을 통하여 완성된 단계별 완료보고서가 생성된다.
- 각 단계는 여러 개의 태스크(Task)로 구성되는데 각 태스크는 단계를 구성하는 단위 활동으로 구성되며 마지막 계층은 스텝(Step)으로 입력 자료, 처리 및 도구, 출력 자료로 구성된 단위 프로세스이다.

1) 빅데이터 분석 방법론

(1) 빅데이터 분석방법론의 계층적 프로세스 모델

- 빅데이터를 분석하기 위한 방법론은 계층적 프로세스 모델(Stepwised Process Model)로써 3계층으로 구성된다.

① 단계(Phase)

- 프로세스 그룹(Process Group)을 통하여 완성된 단계별 산출물이 생성되어야 한다.
- 각 단계는 기준선(Baseline)으로 설정되어 관리되어야 하며 버전관리(Configuration Management) 등을 통하여 통제가 이루어져야 한다.

② 태스크(Task)

- 각 단계는 여러 개의 태스크(Task)로 구성되는데 각 태스크는 단계를 구성하는 단위 활동으로써 물리적 또는 논리적 단위로 품질검토의 항목이 될 수 있다.

③ 스텝(Step)

- WBS(Work Breakdown Structure)의 워크패키지에 해당되고 입력자료(Input), 처리 및 도구(Process & Tool), 출력자료(Output)로 구성된 단위 프로세스(Unit Process)이다

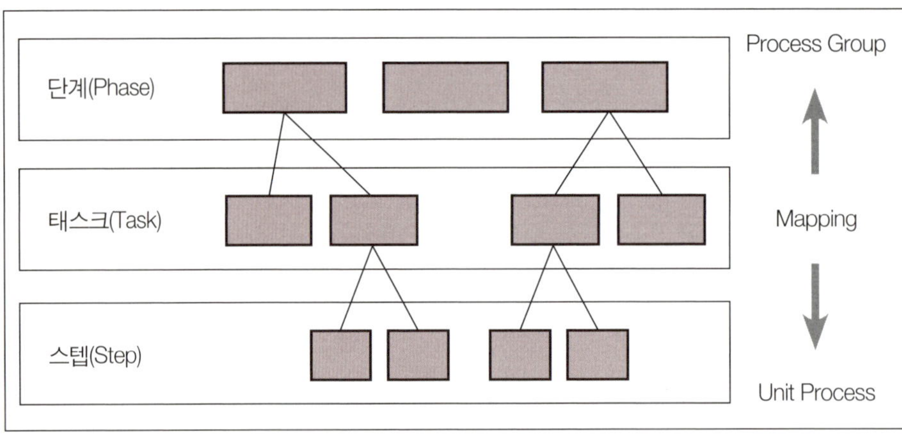

〈빅데이터 분석 방법론의 계층적 프로세스〉

(2) 빅데이터 분석 방법 절차

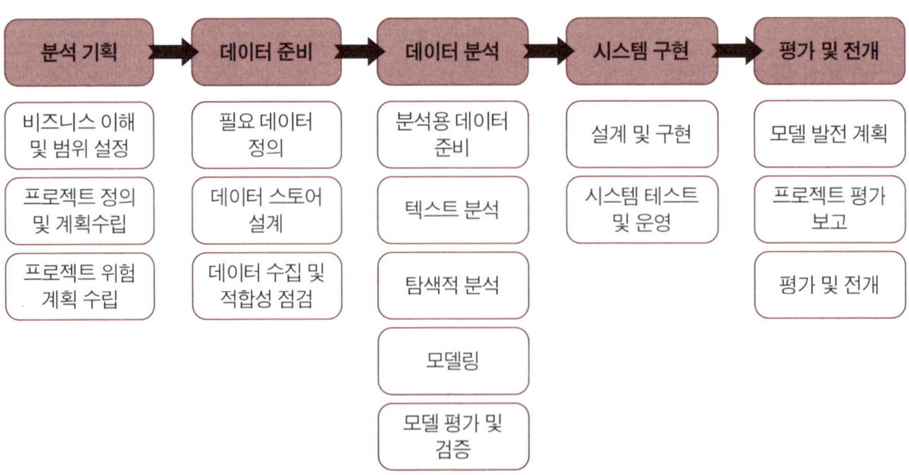

〈빅데이터 분석 방법론 분석 환류〉

빅데이터 단계별 프로세스

단계 (Phase)	태스크 (Task)	내용
분석기획	비즈니스 이해 범위 및 범위 설정	• 프로젝트에 참여하는 관계자들(Stakeholders)의 이해를일치시키기 위하여 구조화된 프로젝트 범위 정의서인 SOW(Statement of Work)를 작성
	프로젝트 정의 및 계획 수립	• 프로젝트의 목표 및 KPI(핵심성과지표), 목표 수준 등을 구체화하여 상세 프로젝트 정의서를 작성 • 프로젝트 수행 계획서를 작성하는 단계로서 프로젝트의 목적 및 배경, 기대효과, 수행방법, 일정 및 추진조직, WBS를 작성한다.
	프로젝트 위험계획 수립	• 데이터 분석 위험 식별, 계획 수립 단계에서 빅데이터 분석 프로젝트를 진행하면서 발생 가능한 모든 위험을 식별한다. • 예상되는 위험에 대한 대응은 회피(Avoid), 전이(Transfer), 완화(Mitigate), 수용(Accept)으로 구분하여 위험 관리계획서를 작성한다.
데이터 준비	필요데이터 준비	• 정형 · 비정형 · 반정형 등의 모든 내 · 외부 데이터를 포함하고 데이터의 속성, 데이터 오너, 데이터 관련 시스템담당자 등을 포함하는 데이터 정의서를 작성한다.
	데이터 스토어 설계	• 일반적으로 관계형 데이터베이스(RDBMS)를 사용하고 데이터의 효율적인 저장과 활용을 위하여 데이터 스토어의 논리적, 물리적 설계를 구분하여 설계한다. • 하둡, NoSQL 등을 이용하여 비정형 또는 반정형 데이터를 저장하기 위한 논리적, 물리적 데이터 스토어를 설계한다.
	데이터 수집 및 정합성 점검	• 크롤링 등의 데이터 수집을 위한 ETL 등의 다양한 도구와 API, 스크립트 프로그램 등을 이용하여 데이터를 수집하고,수집된 데이터를 설계된 데이터를 스토어에 저장한다.
데이터 분석	분석용 데이터 준비	• 분석 계획 단계에서 비즈니스 이해, 도메인 문제점 인식, 프로젝트 정의 등을 이용하여 프로젝트의 목표를 정확하게 인식한다. • 데이터 스토어로부터 분석에 필요한 정형 · 비정형데이터를 추출한다.
	텍스트 분석	• 감성분석(Sentimental Analysis), 토픽분석(TopicAnalysis), 오피니언분석(Opinion Analysis), 소셜네트워크 분석(SNA) 등을 실시하여 텍스트로부터 분석 목적에 맞는 적절한 모델을 구축한다.
	탐색적 분석	• 다양한 관점별로 기초 통계량을 산출하고 데이터의 분포와 변수 간의 관계 등 데이터특성 및 데이터의 통계적 특성을 이해하고 모델링을 위한 기초 자료로 활용한다.

단계 (Phase)	태스크 (Task)	내용
데이터 분석	모델링	• 모델링이란 분석용 데이터를 이용한 가설 설정을 통하여 통계 모델을 만들거나 기계학습을 이용한 데이터의 분류, 예측, 군집 등의 기능을 수행하는 모델을 만드는 과정이다. • 데이터 분할, 데이터 모델링, 모델 적용 및 운영 방안
	모델평가 및 검증	• 프로젝트 정의서의 모델 평가 기준에 따라 모델을 객관적으로 평가하고 품질관리 차원에서 모델 평가 프로세스를 진행한다.
시스템 구현	설계 및 구현	• 모델링 태스크에서 정의된 알고리즘 설명서와 데이터 시각화 보고서를 이용하여 시스템 및 아키텍처 설계, 사용자 인터페이스 설계를 진행한다. • 설계서를 바탕으로 패키지를 활용하여 프로그램을 구축한다.
	시스템 테스트 및 운영	• 단위 테스트, 통합 테스트, 시스템 테스트 실시
평가 및 전개	모델발전 계획수립	• 개발된 모델의 지속적인 운영과 기능 향상을 위한 발전 계획을 상세하게 수립한다.
	프로젝트 평가 보고	• 프로젝트의 성과를 정량적, 정성적으로 평가하고 프로젝트 진행과정에서 산출된 지식, 프로세스, 출력 자료를 지식 자산화하고 프로젝트 최종보고서를 작성한다.

용어정리

WBS(Work Breakdown Structure; 작업 분할 구조도)

- 전체 업무를 분류하여 구성요소로 만든 후 각 요소를 평가하고 일정별로 계획하며 그것을 완수할 수 있는 사람에게 할당해주는 역할을 한다.

크롤링(Crawling) 혹은 스크레이핑(Scraping)

- 웹페이지를 그대로 가져와서 데이터를 추출해내는 행위이다. 크롤링하는 소프트웨어는 크롤러(Crawler)라고 부른다.

의사코드(Pseudocode)

- 특정 프로그래밍 언어의 문법에 따라 쓴 것이 아니라, 일반적인 언어로 코드를 흉내 내어 알고리즘을 써 놓은 코드를 말한다. 특정 언어로 프로그램을 작성하기 전에 알고리즘의 모델을 대략적으로 모델링하는 데에 쓰인다.

과적합(Overfitting)

- 과적합(Overfitting)은 기계학습에서 학습데이터를 과하게 학습하는 것을 의미한다. 일반적으로 학습데이터는 실제 데이터의 부분집합이므로 학습데이터에 대해서는 오차가 감소하지만 실제 데이터에 대해서는 오차가 증가하게 된다.

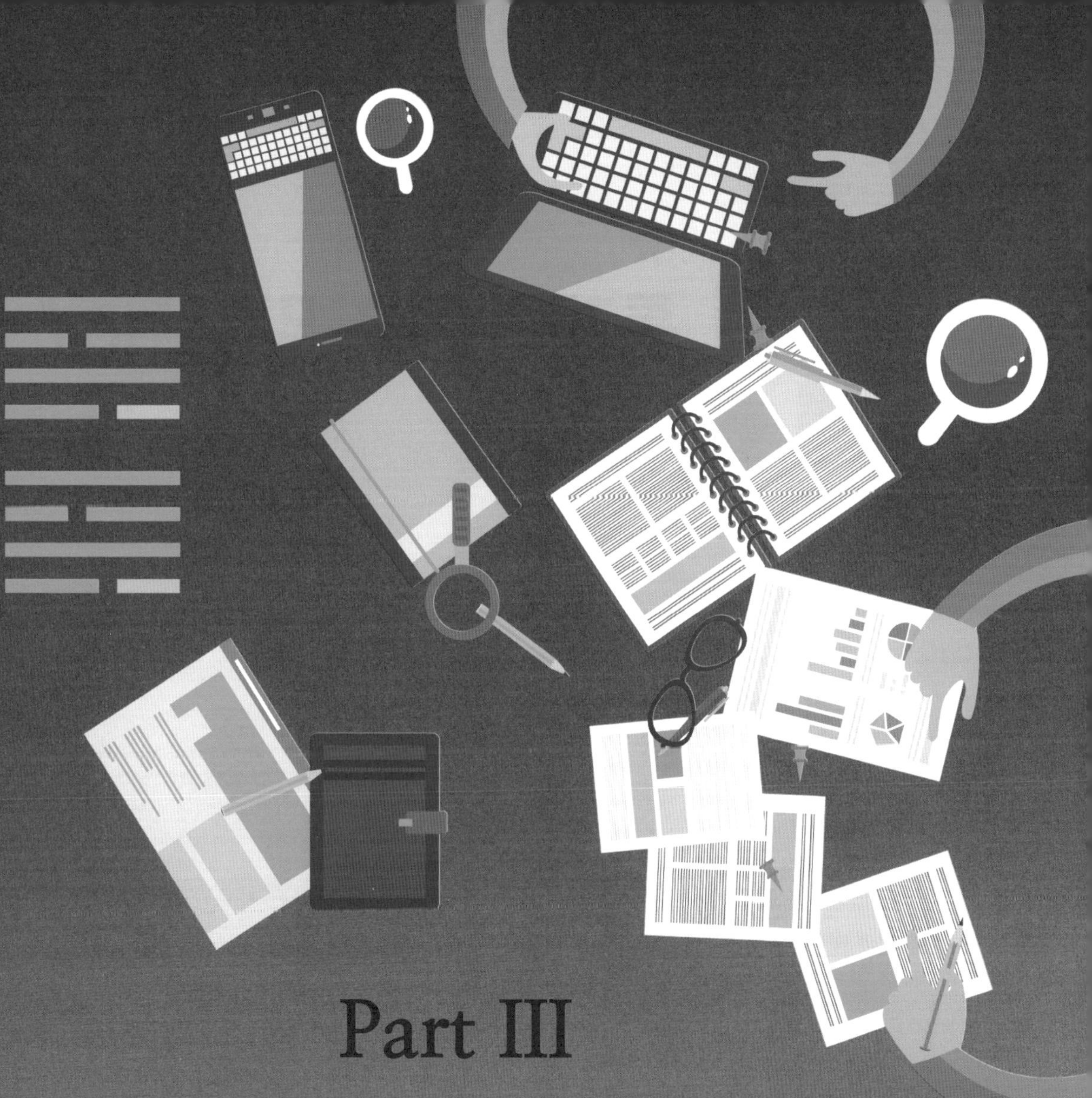

Part III

통계 기반 데이터 분석

01 통계의 기초 및 통계량

1 기초적인 통계 개념

1. 대푯값

• 대푯값은 분포의 중심위치를 나타내는 측정치이다. 관찰된 자료들이 어느 곳에 가장 많이 모여 있는가를 나타내는 것이 집중화 경향인데 이런 집중화 경향을 나타내는 수치를 분포의 대푯값이라 하고 이에는 평균, 중앙값, 최빈치가 있다.

1) 평균(mean)

(1) 평균의 정의

• 데이터 집합이 어떤 값을 중심으로 분포되어 있는지를 알기 위해 많이 사용되는 평균은 다음과 같이 정의된다.

• 평균의 정의: $\bar{x} = \sum_{i=1}^{n} x_i / n$

(2) 평균의 의미

• 평균은 데이터 집합의 중앙이 어디인지를 나타내지만, 데이터가 대칭적으로 분포되어 있는 경우에만 옳은 정보가 된다.

• 또 평균은 이상치(비정상적인 속성 값을 지닌 데이터)에 의해 영향을 많이 받는다는 단

점이 있다.

2) 중앙값(median)

(1) 중앙값의 정의

- 평균이 가진 단점으로 인해 위치를 나타내는 또 다른 통계치인 중앙값이 사용되기도 하고 이는 다음과 같이 정의된다.
- 중앙값의 정의

– 자료값을 크기 순서로 나열한다.

– 자료의 수 n이 홀수이면 (n+1)/2번째 자료의 값

– 자료의 수 n이 짝수이면 n/2번째와 (n/2+1)번째 자료의 값을 평균한 값

(2) 중앙값의 의미

- 중앙값은 데이터 집합을 크기에 따라 차례로 나열했을 때 가운데에 놓이는 값을 지칭한다.
- 중앙값은 이상치에 의한 영향을 덜 받으며, 데이터 분포가 비대칭이면 평균보다 더 의미 있는 지표가 된다.
- 평균과 중앙값은 데이터 분포의 성질에 따라 의미가 달라지므로 상황에 맞는 적합한 지표를 선택해 사용해야 한다.

3) 최빈치(mode)

(1) 최빈치의 정의

- 평균이 가진 단점으로 인해 데이터의 위치를 나타내는 또 다른 통계치인 최빈치가 사용되기도 하고 이는 다음과 같이 정의된다.
- 최빈치의 정의: 데이터 집합 $x_1, x_2, x_3 \ldots x_n$에서 가장 많은 빈도를 갖는 데이터

(2) 최빈치의 의미

- 최빈치는 가장 많은 빈도를 갖는 데이터를 의미한다.
- 최빈치는 이상치에 의한 영향을 덜 받으면서 데이터 분포가 비대칭인 경우 평균보다 더 의미 있는 지표가 된다.

4) 사분위수(Quatile)

- 사분위수는 데이터 표본을 4개의 동일한 부분으로 나눈 값입니다. 사분위수를 사용하여 데이터 집합의 범위와 중심 위치를 신속하게 평가할 수 있다.

사분위수	설명
제 1 사분위수(Q1)	데이터의 25%가 이 값보다 작거나 같음.
제 2 사분위수(Q2)	중위수 데이터의 50%가 이 값보다 작거나 같음.
제 3 사분위수(Q3)	데이터의 75%가 이 값보다 작거나 같음.
사분위간 범위(IQR) (Q3~Q1)	제1 사분위수와 제3 사분위수 간의 거리(Q3~Q1)이므로 정렬된 자료의 중간 50%가 흩어진 정도를 측정

용어정리

p백분위수

전제 자료중에서 p%는 이 값보다 작고, (100–p)%의 자료는 이 값보다 크게 되는 값을 의미한다.

4) 평균과 중앙값의 비교

- 자료의 측정치 중 다른 측정치에 비해 아주 크거나 아주 작은 극단치가 존재하는 경우 순서의 중심인 중앙값과 달리 크기의 중심인 **평균은 극단치가 존재하는 쪽으로 치우치게 된다.**

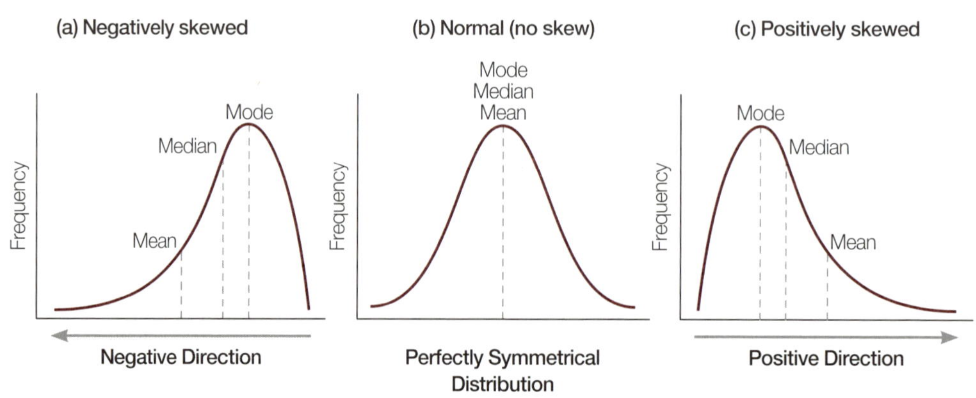

(a) 자료의 분포는 오른쪽에 치우쳐 있어 왼쪽으로 긴 꼬리를 갖는다.

– 평균 <중앙값 <최빈수 크기 순이다.

(c) 자료의 분포는 왼쪽에 치우쳐 있어 오른쪽으로 긴 꼬리를 갖는다.

– 최빈수 <중앙값 <평균 크기 순이다.

(b) 자료의 분포가 좌우 대칭이다.

– 최빈수=중앙값=평균

2. 산포도(흩어진 정도)

- 측정형 변수에 대한 분석에서 중앙 위치만을 알고 있으면 자료 전체에 대한 정보를 얻는데 한계가 있다.
- 같은 평균을 갖더라도 흩어진 정도에 차이가 있으면 자료의 특성은 다르다. 산포도가 클수록 흩어진 폭이 넓고, 산포도가 작을수록 분포의 흩어진 폭은 좁다.

1) 범위

- 자료의 분산을 측정하는 가장 간단한 방법
- 자료의 관측치 가운데 가장 큰 최댓값과 최솟값의 차이를 말한다.

2) 사분위수 범위(IQR)

- 제3사분위수(Q_3)와 제1사분위수(Q_1)의 차이를 말한다.

3) 평균절대편차(Mean Deviation)

- 관측치들의 평균값으로부터 떨어져 있는 거리를 말한다.
- 평균편차란 평균값에 대한 각 변량의 편차의 절대값을 평균한 값이다.

$$\text{평균편차}(MD)=\frac{1}{n}\sum|x_i-\bar{x}|$$

4) 사분편차(Quartile Deviation)

- 제3사분위수(Q_3)에서 제1사분위수(Q_1)를 뺀 값의 1/2값이다.

$$사분편차=(Q_3-Q_1)/2$$

5) 분산과 표준편차

- 분산은 편차의 제곱합을 자료의 수로 나눈 값이다.
- 분산과 표준편차의 관계

$$표준편차(\sigma)=\sqrt{분산}$$

- 모집단의 수를 N, 모집단의 평균을 μ, 모집단의 분산을 σ^2일 때
- 표본의 수를 n, 표본의 평균을 $\overline{X}$, 표본의 분산을 S^2이라 할 때 모집단과 표본의 분산은 다음과 같다.

$$\sigma^2=\frac{\sum(X_i-\mu)^2}{N}=\frac{1}{N}(\sum X_i^2-\mu^2)$$

$$S^2=\frac{\sum(X_i-\overline{X})^2}{n-1}=\frac{\sum X_i^2-n\overline{X}^2}{n-1}$$

- 분산이 0이면 모든 변량이 평균값에 집중되고 있음을 의미하며, 분산의 값이 크면 클수록 변량이 평균에서 멀리 떨어져 있다는 것을 의미한다.
- 분산의 정의에는 평균이 포함되어 있기 때문에 분산 또한 이상치에 대해 민감하다.
- 특히 분산은 각 데이터와 평균과의 차이를 제곱했기 때문에 이상치에 민감한 정도가 평균보다도 크게 된다.

용어정리

자유도

통계학에서 모집단 분산의 추정치로 표본 분산을 사용하는데 (n－1)로 나누어 계산하여 표본 분산이 불편성(Unbiased)을 하기 위함이다.

6) 변이계수(변동계수,CV)

- 표준편차를 산술평균으로 나눈 값
- 평균의 차이가 큰 두 집단의 산포를 비교할 때 사용
- 단위가 다른 두 집단의 산포를 비교할 때 사용
- 변이계수 값이 큰 분포보다 작은 분포가 상대적으로 평균에 더 밀집되어 있음을 의미

3. 비대칭도

1) 왜도

- 자료분포의 모양이 어느 쪽으로 얼마만큼 기울어져 있는가, 즉 비대칭 정도를 나타내는 척도이다.

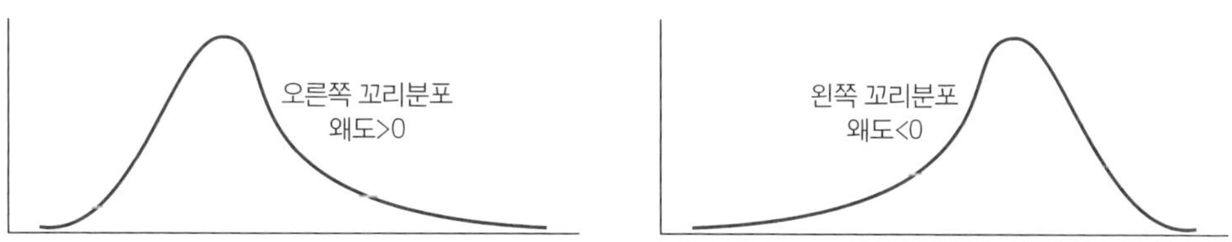

$$S_k = \frac{(\overline{X} - M_o)}{S} = 3\frac{(\overline{X} - M_e)}{S}$$

M_o: 최빈수, $\overline{X}$: 산술평균, M_e: 중위수

① S_k(왜도)가 0이면 좌우대칭분포, $M_o = \overline{X}$

② S_k(왜도)가 0보다 크면 왼쪽으로 치우친 분포(오른쪽 꼬리분포), $M_o < \overline{X}$

③ S_k(왜도)가 0보다 작으면 오른쪽으로 치우친 분포(왼쪽 꼬리분포), $M_o > \overline{X}$

2) 첨도

- 분포도가 얼마나 중심에 집중되어 있는가, 분포의 중심이 얼마나 뾰족한가를 측정
  ① 첨도가=3이면 표준정규분포와 중첩
  ② 첨도가>3이면 표준정규분포보다 정점이 높고 뾰족한 모양
  ③ 첨도가<3이면 표준정규분포보다 낮고 무딘 모양

② 기술통계

1. 기술 통계 개요

- 통계학은 크게 기술(Descriptive) 통계와 추리(inferential) 통계 두 부분으로 나누어진다.
- 기술 통계: 관측을 통해 얻은 데이터에서 그 데이터의 특징을 규명하기 위한 통계적 기법
- 추리 통계: 수집된 데이터를 기반으로 모집단의 특성을 추론하고 예측하는 데 사용하는 통계적 기법
- 기술 통계학은 측정이나 실험에서 수집한 데이터의 정리, 표현, 요약, 해석 등을 통해 데이터의 특성을 규명하는 통계적 분야이다.
- 주로 수집된 데이터의 평균이나 분산 등의 통계량이나 도표를 통해 데이터의 특징을 파악한다.
- 따라서 이러한 기술 통계는 분석의 초기 단계에서 데이터 분포의 특징을 파악하려는 목적으로 주로 산출한다.

1) 기술통계의 종류

① 중심화 경향(central tendency)

- 우리가 수집한 데이터를 대표하는 값이 무엇인지 혹은 어떤 값에 집중되어 있는지를 나타낸다.

  ex) 평균(mean), 중앙값(median), 최빈값(mode) 등

② 분산,퍼짐정도(variation)

- 우리가 수집한 데이터가 어떻게 퍼져 있는지를 나타낸다.

  ex) 범위, 표준편차(standard deviation), 사분위수범위

③ 분포(distribution)

- 변인의 전체 모양을 살펴 데이터가 정상분포 곡선에서 얼마나 벗어나는지를 나타낸다.

  ex) 왜도(데이터의 분포가 좌우로 치우친 정도), 첨도(데이터의 분포가 위아래로 치우친 정도)

④ 빈도(frequency)와 백분율(percent)

- 각 값에 속한 사례의 수와 전체 사례 중 해당 값이 차지하는 비율을 나타낸다.
  ex) 빈도, 빈도분포, 백분위

⑤ 표준오차(standard error)

- 여러 표본 평균값의 표준편차.

2. 기술통계와 다른 통계분석간의 관계

1) 기술통계분석과 추리통계분석

- 기술통계분석(descriptive statistics)

– 수에 대한 설명의 목적을 가진 통계분석

- 추리통계분석(inferential statistics)

– 표본에서의 변수간의 관계가 모집단에서도 성립하는지를 추론(모수추정 및 가설검정) 하는 목적을 가진 통계분석

2) 모수통계분석과 비모수통계분석

- 모수통계(parametric statistics)

– 현상이 등간척도 혹은 비율척도로 측정되어 모집단의 특성(분포, 표본오차등)에 대한 정보가 충분하기 때문에 표본통계량으로 모수추정(parameter estimation)이 가능한 통계분석기법

- 비모수통계(non–parametric statistics)

– 현상이 명목척도나 서열척도로 측정되어 모집단의 분포형태나 모수의 특징을 추론해 내기 어려운 경우에 사용하는 분석기법

용어정리

모수와 통계량

모집단의 통계적 속성을 나타내는 수치를 모수라고 하며, 여기에는 모집단을 구성하는 데이터의 위치 정보를 나타내는 평균(mean), 중앙값(median)과 데이터 분포에 대한 지표인 분산(variance) 및 표준편차(standard deviation) 등이 있다. 일반적으로 모집단이 가지는 모수의 정확한 값은 알기 어렵고 표본들의 통계적 속성인 통계량(statistics)을 통해 추정된다.

- 전수조사와 표본조사
- 전수조사: 모집단으로부터 직접적으로 정보를 입수하는 방법
- 표본조사: 표본의 특성을 토대로 모집단의 특성을 추정하는 방법

3 확률분포

1. 확률의 의의

- 통계적 의사결정은 일반적으로 불확실하고, 불충분한 정보에 그 기초를 두기 때문에 항상 크고 작은 오류를 범하게 된다.
- 이와 같은 정보와 의사결정의 불확실성을 합리적으로 처리하기 위한 도구가 바로 확률인 것이다.
- 어떤 사건이 일어날지 또는 일어나지 않을지 확실하지 않은 경우, 이 사건이 일어날 가능성의 정도를 나타내는 척도를 그 사건의 확률이라고 한다.
- 확률은 0과 1을 포함한 그 사이의 실수로 정한다.
- 전체 집합의 확률은 1이다.
- 서로 배반인 사건들 $E_1, E_2 \cdots$의 합집합의 확률은 각 사건들의 확률의 합이다. 배반사건이란 교집합이 공집합인 사건들을 말한다.

2. 표본공간

- 한 실험에서 나타날 수 있는 가능한 모든 결과의 집합 S이다. 즉, 시행에 의하여 일어

날 수 있는 가능한 모든 결과로 된 집합을 말한다.

1) 사상 또는 사건

- 사상이란 표본공간의 부분집합을 말한다.

① 단순사상: 단 하나의 출현값 만을 포함하고 있는 사상

② 전체사상: 표본공간의 모든 원소를 포함하고 있는 사상

2) 사상의 종류

① 공사상

- 표본공간의 어떤 원소도 갖고 있지 않는 사상이다.

② 여사상

- 사상 A가 일어나지 않을 사상으로 A^c로 나타낸다.
- 사상 A^c가 일어날 확률은 전체 확률에서1에서 사상 A가 일어날 확률을 뺀 것이다.

$$P(A^c)=1-P(A), \quad P(A)+P(A^c)-1$$

③ 배반사상

- A와 B 두 사상이 동시에 일어날 수 없는 사상이다.
- 사상 A와 B가 동시에 일어날 수 없는 경우 A와 B를 배반사상이라 한다.
- A와 B가 배반사상이면 다음이 성립한다.

$$A \cap B = \emptyset$$

④ 독립사상

- A와 B 두 사상이 서로 영향을 미치지 않으면 두 사상 A와 B는 독립이라고 한다.
- A와 B가 서로 독립이면 다음이 성립한다.

$$P(A \cap B)=P(A)P(B)$$

3. 확률법칙

① 덧셈의 일반법칙

- 덧셈의 일반법칙은 한 사람이 축구와 야구를 동시에 좋아한다든지 또는 산과 바다를 동시에 좋아하는 것처럼 두 사상이 상호배타적인 경우에 적용된다.

$$P(A \cup B) = P(A) + P(B) - P(A \cap B)$$

- 만일 두 사건 A와 B가 서로 배반이라면 ($A \cap B = \emptyset$)

$$P(A \cup B) = P(A) + P(B)$$

② 조건부확률

- 두 사상이 밀접한 관계가 있어서 한 사상의 확률이 다른 사상의 발생에 영향을 받는 경우가 있기 때문에 조건부확률의 계산도 다르게 된다.
- 조건부확률(Conditional probability)이란 사상 B가 일어났다는 조건 아래서 사상 A가 일어날 조건부확률을 $P(A|B)$와 같이 표시하고, 다음과 같이 정의한다.

$$P(A|B) = \frac{P(A \cap B)}{P(B)}, P(B) > 0$$

주사위를 던지는 실험에서 주사위의 눈이 짝수인 사건을 A, 주사위의 눈이 4 이상인 사건을 B라 할 때 $P(A|B)$?

해설

$P(B)$: 주사위의 눈이 4 이상이 나올 확률 = 1 / 2

$P(A \cap B)$: 주사위의 눈이 짝수이고 4이상인 경우는

{4, 6}이므로 확률은 1/3, 따라서 조건부 확률은 =2/3

③ 독립법칙

- 한 사상이 이미 발생하였다는 사실을 알더라도 다른 사상이 발생할 확률에 아무런 영향을 미칠 수 없을 때 두 사상은 통계적 독립성의 관계에 있다고 말한다.

- 예를 들어 "종합주가지수는 오를 것이다"라는 사상과 "내일 비가 올 것이다"라는 사상은 독립적이다.
- 두 사상 A, B가 서로 독립일 때 다음과 같이 정의한다.

$$P(A \mid B) = P(A)$$
$$P(B \mid A) = P(B)$$

1) 확률변수와 확률분포

(1) 확률변수와 확률분포

- 표본공간에 발생하는 원소를 정의역으로 하고 이에 대응되는 실수값을 치역으로 하는 함수를 확률변수라고 하고, 치역에 해당되는 실수값을 확률로 나타낸 것을 확률분포라고 한다.
- 수학적으로 표현하면, 확률변수는 정의역이 표본공간이고 치역이 실수값인 함수다.
- 확률변수에는 이산형 확률변수(discrete random variable)와 연속형 확률변수(continuous random variable)가 있다.

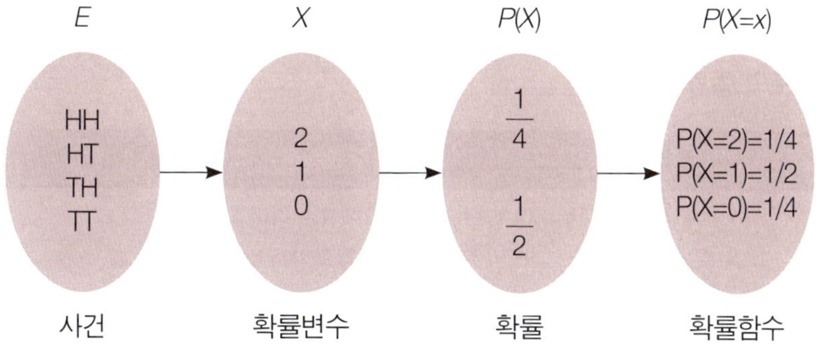

〈동전 2번 던지기의 사건, 확률변수, 확률함수의 관계〉

① 이산형 확률변수

- 사건의 확률이 그 사건들이 속한 점들의 확률의 합으로 표현할 수 있는 확률변수를 말한다.
- 이산형 확률변수는 확률이 0보다 큰 값을 갖는 점들로 확률을 표현할 수 있다.

- 각 이산점에 있어서 확률의 크기를 표현하는 함수를 확률질량함수(probability mass function)라고 한다.

② 연속형 확률변수

- 사건의 확률이 그 사건 위에서 어떤 0보다 큰 값을 갖는 함수의 면적으로 표현될 수 있는 확률변수를 말한다.
- 이 때 함수 $f(x)$를 확률밀도함수(probability density function)라고 한다.
- 사건의 확률이 확률밀도함수의 면적으로 표현되므로 한 점에서의 확률은 0이 되고, 0보다 큰 값을 갖는 사건의 구간에서의 확률값이 된다.

③ 결합확률분포

- 두 확률변수 X, Y의 모든 값과 이에 대응하는 확률을 표나 그림으로 나타낸 것을 X, Y의 결합확률분포(joint probability distribution)라 한다.

2) 확률분포의 유형

- 이산확률분포: 확률변수가 정수의 값을 가지는 경우로 베르누이 분포, 이항분포, 포아송분포, 초기하분포, 기하분포, 다항분포 등이 있다.

이산확률분포의 종류

종류	주요특징
이항분포	• 이항분포는 베르누이 실험 또는 시행에 기초한다. • 즉 확률실험에서 나타날 수 있는 기본결과가 두 가지만 존재 • 확률실험을 몇 번 실행하여 어떤 한 가지 결과가 나오는 수를 변수값으로 부여할 때 이 변수를 이항확률변수라 한다. • 이러한 이항확률변수와 관련된 확률분포를 이항확률분포라고 한다. • 어떤 시행에서 사건 A가 일어날 확률을 p, 일어나지 않을 확률을 $(1-p)=q$, 이 시행을 독립적으로 n회 되풀이할 때 • 기댓값 $E(X)=np$, 분산 $Var(X)=npq$ • p가 1/2에 가까워짐에 따라 그래프는 좌우대칭의 분포 모양 곡선 • 이항분포의 시행횟수가 많아지면 이항분포는 정규분포와 모양이 유사해진다.

종류	주요특징
베르누이 시행	• 각 시행의 결과는 상호 배타적인 두 사건으로 구분 • 각 시행은 서로 독립적이다. • 베르누이 시행을 n번 독립적으로 반복시행 했을 때의 확률변수 X를 성공 또는 실패라고 하면 X의 분포는 이항분포를 따른다. • 베르누이시행과 이항분포의 차이는 반복시행이 실시 여부에 차이가 있다. • 기댓값 $E(X)=p$, 분산(var(X))$=pq$
포아송 분포	• 이항분포가 주어진 횟수의 시행 중에서 사건횟수에 적용되는 분포임에 반하여, 포아송 분포는 단위 시간당 또는 단위 공간당 사건발생 횟수에 적용되는 분포이다. • 포아송분포의 성립조건 ① 독립성: 주어진 시간동안 또는 영역내에서 일어나는 사건의 횟수는 서로 중복되지 않는 다른 시간 동안 또는 영역 내에서 일어나는 사건의 횟수와 독립이다. ② 비례성: 짧은 시간 동안 또는 작은 영역내에서 사건이 한번 발생할 확률은 시간길이 또는 영역의 면적에 비례한다. ③ 비집락성: 짧은 시간 동안 또는 작은 영역 내에서 사건이 두 번 이 상 발생할 확률은 매우 작기 때문에 무시할 수 있다. ④ 기댓값($E(X)$) λ, 분산(Var(X)) λ, 기댓값과 분산이 같다.
초기하 분포	• 성공할 확률이 매회 일정한 경우(서로 독립사건)는 이항분포를 이용하고, 일정하지 않을 경우(서로 종속사건)에는 초기하분포를 이용한다. • 같은 실험에서 복원추출인 경우나 모집단의 크기가 무한한 경우는 이항분포로, 비복원추출인 경우나 모집단의 크기가 작은 경우는 초기하분포로 확률을 구한다. • 유한모집단의 크기 N이 추출개수 n보다 상당히 클 때 초기하분포는 이항분포로 접근한다. • N=전체 모집단의 개체수, K: 전체모집단에서 성공한 횟수, n: 전체 시행횟수, k=관찰된 성공의 횟수일 때 기댓값 $E(X)=n\frac{K}{N}$, 분산(Var(X))$=n\frac{K}{N}\frac{(N-K)}{N}\frac{(N-n)}{(N-1)}$
기하분포	• 단 한번의 성공을 위해 실패를 거듭해야 하는 경우 기하분포를 이용한다. 기댓값 $E(X)=1/p$, 분산(Var(X))$=\frac{q}{p^2}$

- 연속확률분포: 확률변수가 소수점의 값을 포함하는 실수의 값을 가지는 경우로 정규분포, 표준정규분포, 지수분포, t-분포, F-분포, Chi(카이)제곱 분포 등이 있다.

연속확률분포의 종류

종류	주요특징
정규분포	• 연속확률변수에 관련한 하나의 전형적인 분포의 유형으로 독일의 수학자 가우스가 고안하였다고 해서 가우스 분포라고도 한다. • 정규분포는 연속확률분포 중 가장 많이 사용되는 분포이며 표본을 통한 통계적 측정 및 가설검정이론의 기본이 된다. • 모양과 위치는 분포의 평균과 표준편차로 결정된다. • 정규분포의 확률밀도함수는 평균을 중심으로 대칭적 종모양의 형태를 가진다. • 분포의 평균과 표준편차가 어떠한 값을 가지더라도 정규 곡선과 X축 사이의 전체 면적은 1이다. • 개별치의 확률분포가 정규분포가 아니더라도 표본평균의 분포, 특히 표본의 크기가 클수록 그 분포는 정규분포에 가까워진다.
표준정규분포 (z분포)	• 정규분포는 평균과 표준편차에 따라 그 모양과 위치가 달라지기 때문에 서로 다른 두 정규분포의 성격을 비교하거나 확률을 계산하기 위해서는 표준화가 필요하다. • 표준화라는 것은 단위가 다른 자료에 대해서 평균이 0, 표준편차가 1이 되도록 변환하는 과정이다. • 표준화 공식 $Z=\frac{X-\mu}{\sigma}, Z\sim N(0,1)$ X: 확률변수, μ: 평균, σ: 표준편차 • 확률변수 X가 평균 μ와 분산 σ^2를 갖는 정규분포 $N(\mu, \sigma^2)$을 따를 때 **값 $P(a<X<b)$**는 다음과 같이 표현할 수 있다. $P(\frac{a-\mu}{\sigma} < Z < \frac{b-\mu}{\sigma})$ • 확률밀도함수의 평균과 표준편차의 관계가 표준정규분포의 경우 다음과 같다. $P(-1 \leq X \leq 1)=0.6827$ $P(-2 \leq X \leq 2)=0.9545$ $P(-3 \leq X \leq 3)=0.9973$

<table>
<tr><th>종류</th><th>주요특징</th></tr>
<tr><td>표준정규분포
(z분포)</td><td>

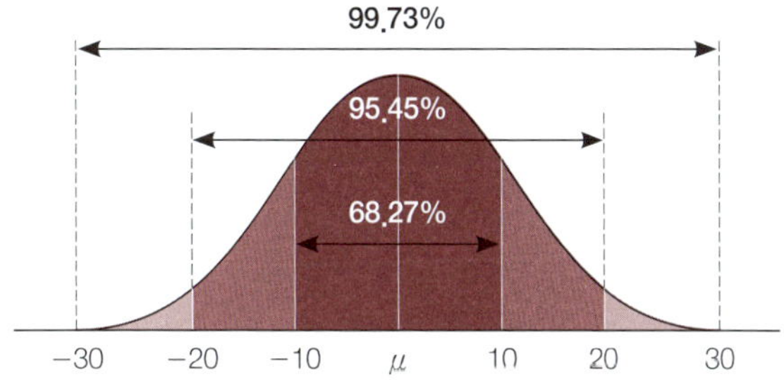

</td></tr>
<tr><td>t-분포</td><td>

- **모집단이 정규분포를 따르지만 모표준편차를 알 수 없**을 뿐만 아니라 **표본크기가 30개를 넘지** 못하는 경우 t-분포를 따른다.
- **모평균, 모평균의 차 또는 회귀계수의 추정이나 검정**에 활용한다.
- 평균은 0, 평균을 중심으로 좌우대칭이다.
- 평균 μ인 정규모집단으로부터 크기 n의 표본을 무작위로 추출했을 때 표본평균이 $\bar{x}$이고 표본표준편차가 s일 때 표본통계량 t는

  $t_{n-1} = \dfrac{\bar{x} - \mu_{\bar{x}}}{s/\sqrt{n}}$ 으로 자유도 $(n-1)$인 t-분포를 따른다.

- t-분포는 단일분포가 아니고 자유도(degree of freedom)에 따라 분포모양이 다른 여러 가지 분포를 갖는다. 자유도는 보통 v 또는 df로 표시한다. 자유도는 표본크기 n에 시 1을 뺀 값이다. 사유노는 우리가 자유스럽게 선택할 수 있는 값의 수라고 정의할 수 있다.
- **t-분포는 표본크기가 충분히 크면 결국 표준정규분포와 t-분포는 같아진다.**

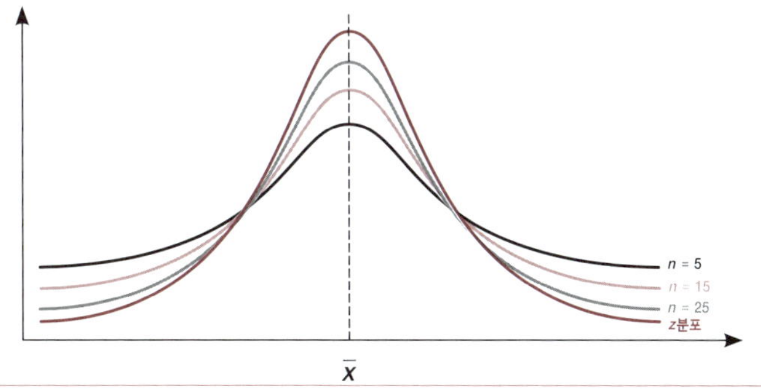

</td></tr>
<tr><td>F-분포</td><td>

- 왼쪽으로 비스듬히 기울어져 있지만 그 정도는 자유도가 증가함에 따라 대칭성에 가까워진다.
- 항상 양의 값을 가지며 오른쪽 긴 꼬리 비대칭분포 형태이다.
- F-분포의 모양은 자유도 (n_1-1)과 (n_2-1)에 따라서 결정된다.
- 분포는 두 개의 분산에 관한 추론→$F(v_1, v_2)$, 즉 **두 집단의 분산의 동일성 검정에 사용된다.**
- v_1, v_2는 각각의 χ^2에 대한 분산$(F=V_1/V_2)$

</td></tr>
</table>

종류	주요특징
F-분포	• **분산분석과 회귀분석**을 위해서도 사용되는 중요한 확률분포이다. 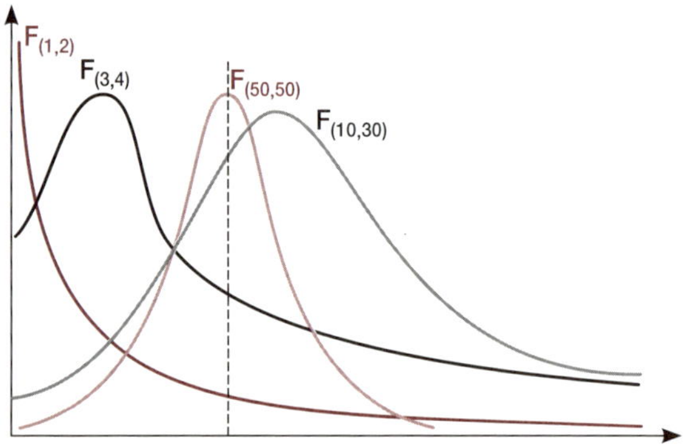
χ^2 (카이제곱분포)	• χ^2분포는 *t*-분포와 같이 자유도 $(n-1)$에 따라 분포의 모양이 변한다. χ^2분포도 표본 크기가 클수록 정규분포에 근접하는 특성을 갖는다. • 표준정규분포를 따르는 확률변수 $Z \sim N(0,1)$인 제곱 Z^2는 자유도 1인 카이제곱 분포를 따르며, $Z_1^2+Z_2^2+\ ...\ +Z_n^2$는 자유도가 n인 카이제곱분포를 따른다. • 자유도가 n인 카이제곱분포의 평균은 n이고 분산은 $2n$이다. • χ^2분포는 *t*-분포와 정규분포와는 달리 좌우대칭이 아니며 오른쪽으로 긴 꼬리를 갖는다. 확률변수 χ^2은 제곱합의 합으로 구하기 때문에 음수는 가질 수 없고 다만 가장 왼쪽에서는 0의 값을 갖는다. • **모분산 σ^2이 특정한 값을 갖는지 여부를 검정**하는데 사용되는 분포이며, 두 **범주간 변수간의 독립성 검정과 적합도 검정**을 하는 데 주로 사용된다. 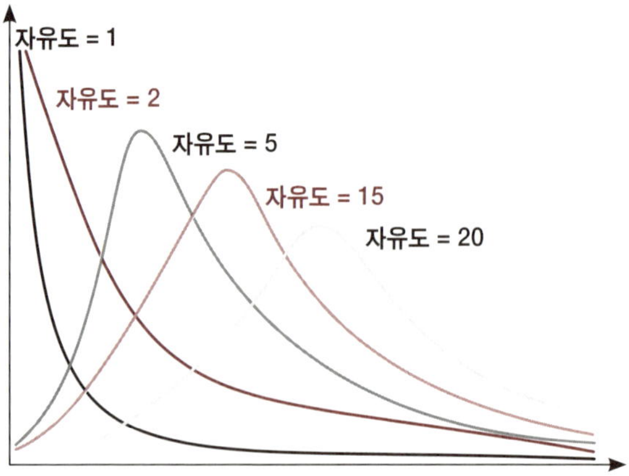

4 표본분포

- 확률변수의 확률분포를 알고 있음을 전제로 모집단의 평균과 분산을 계산하였을 뿐만 아니라 확률변수가 어떤 값을 취할 확률을 구하였다.
- 그러나 실제로는 모평균과 모분산을 모르기 때문에 표본을 추출하여 이들의 값을 추정하게 된다. 이를 통계적 추론이라고 한다.
- 표본을 추출하는 목적은 표본통계량(sample statistic)에 입각하여 미지의 모집단 모수(parameter)를 추정하려는 것이다.
- 추정의 통계적 과정에서처럼 표본평균 $\bar{x}$는 모평균 μ를, 표본표준편차 s는 모표준편차 σ를, 표본비율 $\hat{p}$는 모비율 p를 추정하는 데 이용된다.
- 크기 n의 표본을 모집단으로부터 추출하여 표본평균을 구하면 이는 모평균과 같을 가능성은 매우 희박하다. 또한 크기 n의 표본을 동일한 모집단으로부터 수없이 추출하여 그들의 평균을 구하면 모두 다른 값을 나타낸다. 이것은 표본에 포함되는 요소가 그때 그때마다 다르기 때문이다.
- 따라서 하나의 표본평균을 가지고 모평균을 추정하게 되면 큰 위험이 뒤따르게 된다. 따라서 여기에 표본분포의 이론이 필요하게 된다.
- 표본분포란 주어진 모집단으로부터 크기 n의 확률표본을 수없이 반복하여 추출한 결과로 얻는 표본통계량의 확률분포를 말한다.

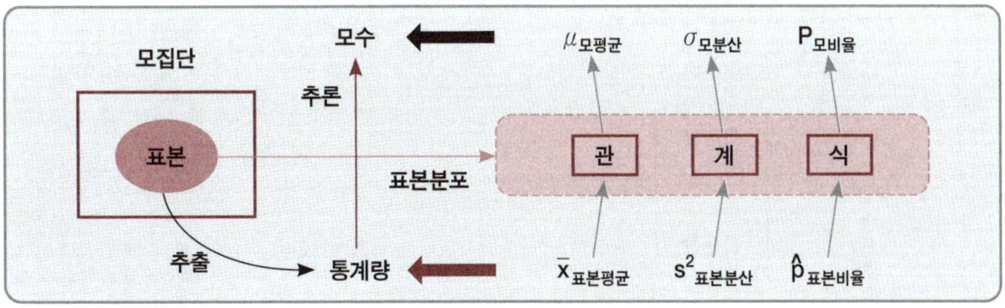

〈추정의 통계적 절차〉

(1) 표본평균의 표본분포

- 표본평균의 분포는 모집단이 정규모집단이냐 아니냐에 따라 그 분포가 다르게 나타난다.

- 또한, 모집단으로부터 표본을 복원으로 추출하느냐 비복원으로 추출하느냐에 따라 표본평균의 분포에 대한 분산의 형태가 달라진다.

① 모집단의 분포가 $N(\mu,\sigma^2)$일 때 무한모집단(복원추출)에 의한 표본평균의 분포

- 모집단의 분포가 정규분포를 따를 때, 표본평균의 분포도 정규분포를 따른다.
- 정규모집단 $N(\mu,\sigma^2)$에서 크기 n인 표본의 표본평균 $\overline{X}$는 정규분포 $N(\mu,\frac{\sigma^2}{n})$을 따른다.
- 표본평균 $\overline{X}$을 표준화시킨 표준화 확률변수 $Z=\frac{\overline{X}-\mu}{\sigma/n}$는 표준정규분포 $N(0,1)$을 따른다.

② 모집단분포가 정규분포가 아닐 때 표본평균의 분포

- 모집단의 분포가 정규분포가 아닐 경우 표본평균 $\overline{X}$가 정규분포를 따른다고 할 수 없다.
- 그러나 표본의 크기가 충분히 클 때는 표본평균 $\overline{X}$의 분포는 정규분포로 볼 수 있다.
- 이것은 중심극한정리(central limit theorem)에 근거를 두고 있다.

(2) 중심극한정리

- 중심극한정리란 확률변수 X의 모집단분포가 정규분포가 아니더라도 표본크기 $n\geq30$이면 평균 $\overline{X}$의 분포는 기댓값의 모평균 μ이고, 분산이 σ^2/n인 정규분포에 근사한다.
- 이 중심극한정리로 말미암아 모집단분포가 균등분포, 이항분포, 지수분포를 따르더라도 표본크기가 상당히 크면 모집단의 특성을 추정하는 데 정규분포의 이점을 활용할 수 있다.

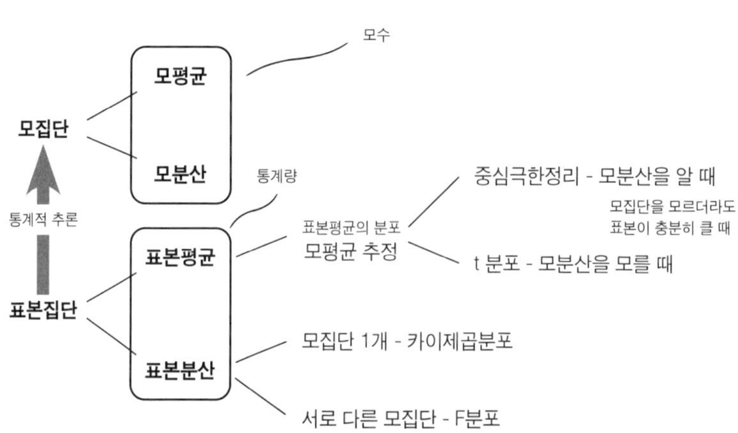

〈모집단과 표본집단 관계〉

02 추론통계

1) 추정의 의의

- 대부분의 비즈니스 상황에서는 모집단에 관한 정보를 알 수 없기 때문에 표본추출을 통한 표본통계량에 입각하여 모수를 추정하게 된다. 이는 통계적 추정으로서 귀납적 추리(inductive reasoning)라고도 한다.

2) 통계적 추정의 종류

① 점추정

- 모수를 단일치로 추측하는 방법으로, 그 신뢰도를 나타낼 수 없다는 단점이 있다.

② 구간추정

- 모수를 포함한다고 추측되는 구간을 구하는 방법이다. 구간추정은 모수의 추정치와 신뢰도를 함께 구할 수 있다.

3) 바람직한 통계적 추정량의 결정기준

① 불편성: 추정량의 기댓값이 모수의 값과 같아야 한다. (불편 추정량)

② 효율성: 추정량의 분산이 될 수 있는 대로 작아야 한다. (최소분산 추정량)

③ 충분성: 모수에 대하여 가능한 많은 표본정보를 내포하고 있어야 한다.

④ 일치성: 표본의 크기가 커짐에 따라 추정량이 확률적으로 모수에 가깝게 수렴한다.

1 점추정

(1) 점추정

- 가장 참값이라고 여겨지는 하나의 모수의 값을 택하는 것을 점추정이라고 한다. 즉 점추정은 '모수가 특정한 값일 것'이라고 추정하는 것이다.
- 점추정치는 표본오차 때문에 모수와 일치하기가 어렵다.
- 이러한 점추정치의 한계를 극복하기 위하여 구간추정치(interval estimate)를 사용한다.

(2) 표본오차(Standard Error)

$\sigma/\sqrt{n}$(n은 표본의 크기, σ는 모집단의 표준편차)σ를 알 수 없는 경우 표본표준편차 $S=\sqrt{\sum(X_i-\overline{X})^2/(n-1)}$를 대입한다.

- 통계량의 표준편차를 표준오차라 한다.
- 표준오차는 모집단의 표준편차보다 언제나 작다.
- 표본크기가 클수록 표준오차는 작아진다.

2 구간추정

- 일정한 크기의 신뢰수준으로 모수가 특정한 구간에 있을 것이라고 선언하는 것을 의미한다. 점추정치를 중심으로 하한부터 상한까지의 구간은 신뢰구간(confidence interval)이라고 하는데 하한을 신뢰하한, 상한을 신뢰상한이라고 부른다.
- **구간추정치: 하한 ≤ 점추정치 ≤ 상한**

(1) 신뢰도(신뢰수준)

- 신뢰수준 95%라 함은, 동일한 추정방법을 사용하여 신뢰구간을 100회 반복하여 추정한다면, 95회 정도는 동일한 결과가 나오는 것을 의미한다.
- 추정량의 분포가 정규분포를 따를 모수 μ에 대한 $\pm\sigma$, $\pm2\sigma$, $\pm3\sigma$의 신뢰수준은 다음과 같다.

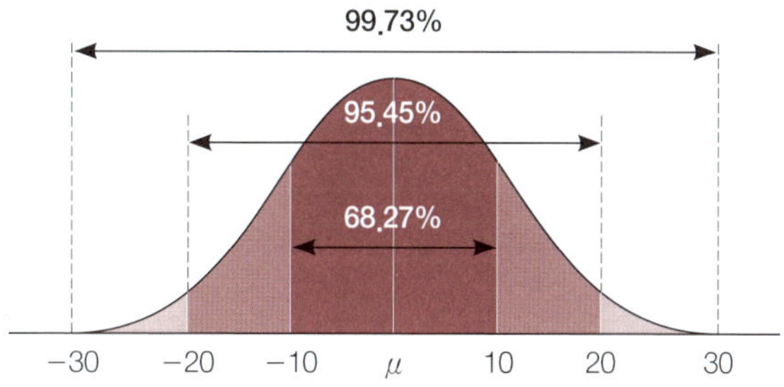

(2) 신뢰구간

- 일정한 구간을 제시하여 모수가 포함되었을 것이라고 제시한 구간을 신뢰구간이라 하며, 구간추정은 이 신뢰구간을 이용한 추정방법이다.
- 구간추정에서 95% 신뢰구간이란 신뢰구간을 100회 반복하여 측정했을 때 95번은 그 구간내에 모평균이 포함된다는 의미이다.
- 포함된 신뢰구간은 표본의 크기의 제곱근에 반비례한다.
- 예컨대 모수 μ가 이 구간 속에 들어갈 확률이 95%라는 것을 뜻하는 것이 아니고 표본크기 n을 반복하여 추출하여 설정하는 신뢰구간 중에서 평균적으로 95%는 모수 μ를 포함하고 5% 정도는 포함하지 않을 것이라는 것을 의미한다.
- 실제로 우리는 하나의 표본을 추출하여 하나의 신뢰구간을 설정하게 되는데 이 구간이 모수 μ를 포함할지는 전혀 모른다. 따라서 우리는 이를 포함할 것으로 95% 신뢰한다고 말할 수 있을 뿐이다.

(3) 신뢰계수

- 오차율(α)은 신뢰구간 내에 모집단 평균이 포함되지 않을 확률이다.
- 신뢰도=1−오차율(α)

신뢰도($1-\alpha$)	$Z_{\alpha/2}$
0.90	1.645
0.95	1.96
0.99	2.57

- 90%, 95%, 99%를 신뢰수준이라 하고, $Z_{0.05}=1.645$, $Z_{0.025}=1.96$, $Z_{0.005}=2.575$를 신뢰계수라 한다.

- 모평균 μ에 대한 $100(1-\alpha)\%$ 신뢰구간은 다음과 같다.
- μ의 90% 신뢰구간$=\bar{x} \pm 1.645\frac{\sigma}{\sqrt{n}}$
- μ의 95% 신뢰구간$=\bar{x} \pm 1.96\frac{\sigma}{\sqrt{n}}$
- μ의 99% 신뢰구간$=\bar{x} \pm 2.57\frac{\sigma}{\sqrt{n}}$

용어정리

추정량과 추정치

추정량이란 표본정보에 의존하는 확률변수로서 모수를 추정하는 데 사용되는 표본통계량을 말하고 추정치란 추정량을 평가하여 얻게 되는 특정한 수치를 말한다.

모수와 추정량

모 수	추 정 량
평 균	표본평균
분 산	표본분산
표준편차	표본표준편차(s)
비 율	표본비율

(4) 모평균의 100(1 − α)% 신뢰구간

① 모분산을 알고 있는 경우

- 모평균 μ의 추정량은 표본평균 $\bar{x}$를 표준화에 의해 Z통계량을 이용한다.

$$P(\bar{x} - Z_{\frac{\alpha}{2}}\frac{\sigma}{\sqrt{n}} \le \mu \le \bar{x} + Z_{\frac{\alpha}{2}}\frac{\sigma}{\sqrt{n}}) = 1 - \alpha$$

- $(\frac{\sigma}{\sqrt{n}}$ =표준오차, $\bar{x}$=표본평균)

② 모분산을 모르는 대표본(표본크기가 30 이상) 경우

- 대표본이지만 모분산을 σ^2을 모르고 있는 경우 모표준편차 σ대신 표본표준편차 S를

이용한다.

$$P(\bar{x} - Z_{\frac{\alpha}{2}}\frac{S}{\sqrt{n}} \le \mu \le \bar{x} + Z_{\frac{\alpha}{2}}\frac{S}{\sqrt{n}}) = 1 - \alpha$$

③ 모분산을 모르는 소표본(표본크기가 30 이하인 경우)

- 모집단의 표준편차를 모르고 소표본일 경우에는 정규분포가 되지 않고, 자유도가 $n-1$인 t-분포가 된다.

$$P(\bar{x} - t_{\frac{\alpha}{2}}\frac{S}{\sqrt{n}} \le \mu \le \bar{x} + t_{\frac{\alpha}{2}}\frac{S}{\sqrt{n}}) = 1 - \alpha$$

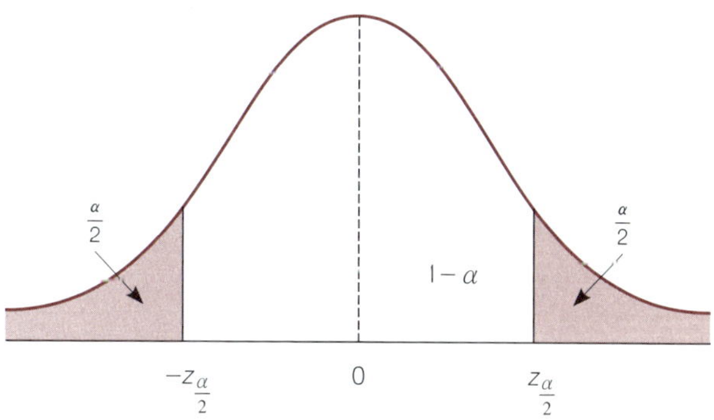

〈신뢰수준과 신뢰구간〉

3 가설검정

1. 가설(Hypothesis)이란

- 가설이란 검정할 목적으로 설정하는 모수에 대한 잠정적인 주장 또는 가정을 말한다.
- 아직 경험적으로 검정되지 않은 일종의 예비적 이론

2. 가설검정

- 대상집단의 특성량에 대하여 어떤 가설을 설정하고, 대상집단인 모집단으로부터 추

출한 표본으로 가설을 검토하는 통계적 추론이다.

- 통계적 가설검정은, 설정된 가설이 옳다고 할 때 표본에서 통계량을 계산하여 얻는 표본값과 통계량의 분포에서 이론적으로 얻어지는 어떤 특정값을 비교하여 그 가설을 기각할 것인가 또는 채택할 것인가를 판정하는 것이다.

용어정리

유의수준

가설을 기각 혹은 채택하는 판단 기준이 되는 것을 유의수준이라 한다. 가설이 기각되는 경우 '유의(Significant)하다'라고 한다. 또한 단순히 유의하다라고만 하지 않고 반드시 유의수준 몇 % 내에서 유의하다라고 표기한다.

1) 가설의 종류

- 일단 가설이 설정되면 일정한 절차에 따라서 그 가설의 진위여부를 결정하게 된다.
- 이러한 가설검정을 위해서는 우선 상호 배타적인 가설, 즉 귀무가설(null hypothesis)과 대립가설(alternative hypothesis)을 설정한다.

종류	설명
귀무가설	• 귀무가설이란 모집단의 특성에 대해 옳다고 제안하는 잠정인 주장 또는 명제를 말한다. • 귀무가설은 과거의 경험, 지식 또는 연구의 결과 등 현재까지 인정되어 온 것을 의미한다.
대립가설	• 귀무가설의 주장이 틀렸다고 제안하는 가설로서 귀무가설이 기각되면 채택하게 되는 가설을 말한다. • 대립가설은 연구자가 기존상태로부터 새로운 변화 또는 효과가 존재한다는 주장을 나타내므로 연구자는 귀무가설을 부정하고 대립가설을 지지하고자 한다.

2) 가설검정 절차

- 검정하려고 하는 모집단에서 추출한 표본으로부터 계산한 검정통계량의 수치가 유의수준에 따라 결정되는 채택영역(acceptance region)에 들어오면 그 귀무가설을 채택하게 된다.

- 이때 그 수치는 검정하려는 모수와 현저하지 않은(not significant) 차이를 보인다. 한편 검정통계량의 수치가 기각영역(rejection region)에 들어오면 귀무가설 를 기각하게 된다. 이는 그 수치가 검정하려는 모수와 현저한 차이를 보이기 때문이다.

가설검정의 순서

㉮가설의 설정

㉯유의수준 α의 결정

검정통계량을 사용할 때

㉰ 유의수준 α에 해당하는 임계치 및 기각영역의 결정

㉱ 검정통계량의 계산

㉲ 의사결정

***p*값을 사용할 때**

㉰ 검정통계량의 계산

㉱ p값의 계산

㉲ 의사결정

값을 이용한 가설검정

- 고전적 가설검정방법에 있어서는 의사결정자가 자의로 유의수준을 결정하기 때문에 동일한 자료에 대해서도 사람에 따라 유의수준을 얼마로 정하느냐에 따라서 귀무가설을 기각할 수도 있고 기각하지 않는 경우도 발생할 수 있다.
- 이런 경우에 p값(p value)이라고 하는 통계치를 계산함으로써 의사결정자로 하여금 참인 귀무가설을 기각할 여러 가능한 유의수준 중 최소치로 사용할 수 있게 하는 방법이 효과적이라고 할 수 있다.
- p값은 관측된 표본통계량에 입각하여 귀무가설을 기각할 수 있는 유의수준의 최소치를 의미하기 때문에 관측된 유의수준(observed significance level)이라고도 한다. 따라서 의사결정자가 자의로 결정하는 유의수준과 이를 비교함으로써 귀무가설 의 채택 여부를 결정할 수 있다.

- **p값에 의한 결정규칙**

p값 $< \alpha$이면 H_0를 기각 p값 $\geq \alpha$이면 H_0를 채택

- 일반적으로 p값이 작으면 작을수록 귀무가설을 기각할 충분한 근거를 갖게 되고 반대로 p값이 크면 클수록 귀무가설을 채택할 가능성은 높게 된다.

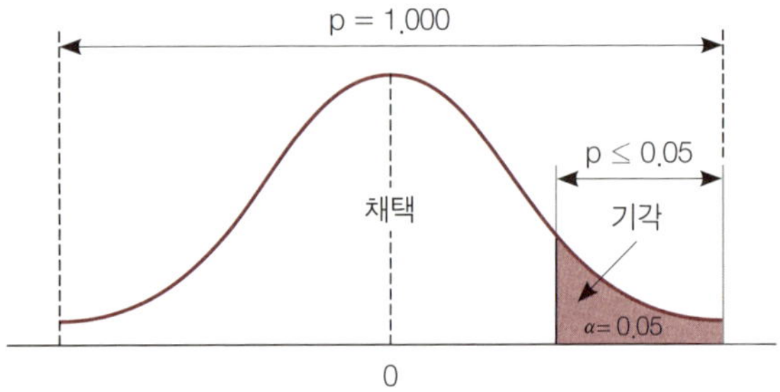

〈p값을 이용한 가설검정〉

3) 가설 설정 방법

- 예를 들어 우리가 관심을 갖는 모수를 θ라 하고 이 모수가 하나의 특정한 가정된 값 300이라 한다면 가설의 기본적인 형태는 다음과 같다.
- 단측검정 vs 양측검정

좌측검정	우측검정	양측검정
귀무가설: $\theta \geq 300$ 대립가설: $\theta < 300$	귀무가설: $\theta \leq 300$ 대립가설: $\theta > 300$	귀무가설: $\theta = 300$ 대립가설: $\theta \neq 300$
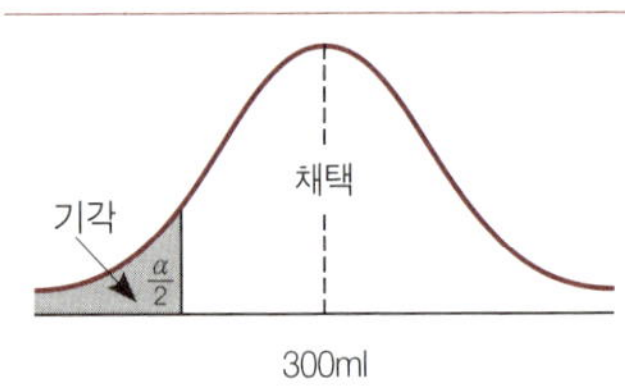	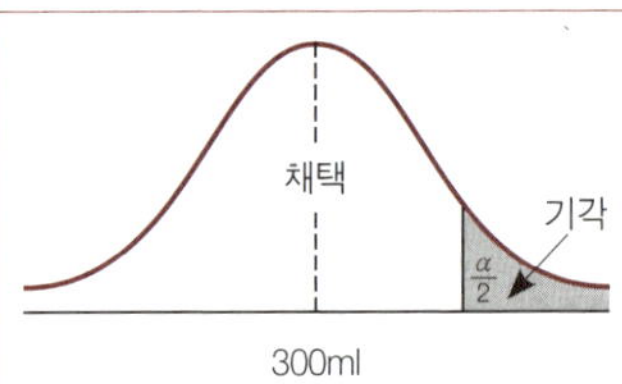	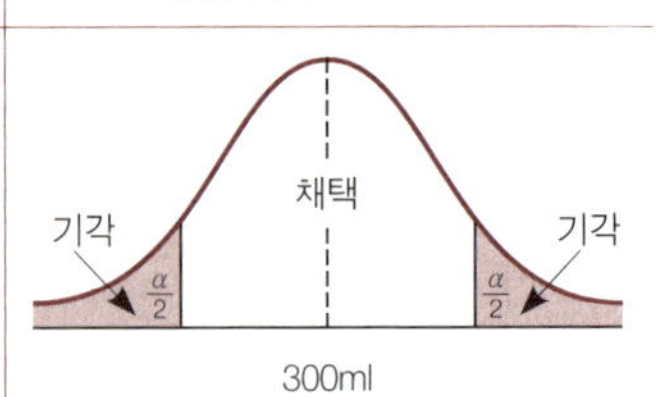

- 귀무가설은 등호를 포함해야 하지만 대립가설은 절대로 등호를 포함할 수 없다.
- 양측검정의 경우에는 기각영역이 표본분포의 양쪽 꼬리부분에 있게 되고 좌측검정

의 경우에는 좌측검정의 경우에는 좌측 꼬리부분에, 그리고 우측검정의 경우에는 우측 꼬리부분에 있게 된다.

- 단측검정의 경우 기각영역의 위치는 대립가설의 부등호 방향과 일치해야 한다.

용어정리

***p*값**

*p*값이란 귀무가설이 진실이라는 가정하에서 검정통계량이 표본으로부터 계산된 검정통계량의 값보다 더욱 멀어져 귀무가설을 기각시킬 확률을 말한다.

4) 검정의 오류

- 가설검정은 언제나 옳은 결정만을 하지 못한다. 이것은 제한된 표본정보를 가지고 모수에 대해 결론을 내리기 때문에 표본오차(sampling error)로 인하여 실수를 저지를 가능성이 있기 때문이다.
- 가설검정과 관련된 오류에는 두 가지가 있다. 귀무가설 H_0가 실제로는 사실임에도 불구하고 허위라고 결론을 내릴 오류를 제 I 종 오류(type I error)라 하고 α로 표시한다.
- 이러한 오류를 범할 확률을 검정의 유의수준(level of significance) 또는 위험수준(level of risk)이라고 한다.

① 제1종 오류

- 제1종 오류란 귀무가설 H_0가 실제로는 사실이어서 채택해야 함에도 불구하고 표본오차 때문에 이를 거부하는 오류를 말한다.

② 제2종 오류

- 제2종 오류란 귀무가설 H_0가 실제로는 허위라서 거부해야 함에도 불구하고 표본오차 때문에 이를 채택하는 오류를 말한다.

통계적 결정 \ 실제 상황	H_0가 사실	H_0가 허위
채택	옳은 결정 (신뢰수준) = 1 − α	제II종 오류 확률= β
기각	제I종 오류 확률 = α	옳은 결정 검정력 = 1 − β

- $(1-\beta)$로 나타내는 검정력(power of test)은 귀무가설이 거짓일 때 옳은 결정의 확률을 말한다.
- 표본크기가 일정할 때 제I종 오류를 범할 확률을 감소시키면 제II종 오류를 범할 확률은 증가한다.
- 이와 같이 α와 β는 부의 관계이다. α는 절대로 0의 값을 가질 수 없다. 이럴 경우 $\beta=1$이 되어 귀무가설이 거짓일 때 언제나 이를 수락하기 때문이다. 따라서 α의 값은 두 오류의 상대적 중요성에 따라 결정된다.
- 그런데 α위험이 위험보다 더욱 심각하기 때문에 α오류를 통제하는 것이 일반적이다.
- α의 값은 보통 1%, 2%, 5%, 10% 등으로 의사결정자가 결정한다.

용어정리

기각역(critical region)

검정통계량의 분포에서 유의수준 α의 크기에 해당하는 영역으로, 계산된 검정통계량의 유의성을 판정하는 기준이 된다.

5) 검정통계량

- 귀무가설 H_0와 대립가설 중에서 하나의 가설을 선택하는데 사용하는 표본의 통계량을 검정통계량이라고 한다.

(1) 모평균에 대한 가설검정

① 모분산을 알고 있는 경우

- 모분산을 σ^2을 알고 그 모집단에서 추출한 표본의 평균 $\bar{x}$를 알 때 표본평균과 모집단의 평균을 비교 검정하는 경우
- 정규분포를 따르고 모분산을 알고 있으므로 Z분포를 이용하여 검정하며 검정통계량의 계산식은 다음과 같다.

> • 양측검정일 때
>
> $H_0: \mu = \mu_0$
>
> $H_1: \mu \neq \mu_0$
>
> $\frac{\bar{x} - \mu_0}{\sigma/\sqrt{n}} > Z_{\alpha/2}$ 또는 $\frac{\bar{x} - \mu_0}{\sigma/\sqrt{n}} < Z_{\alpha/2}$이면 H_0를 기각

② 모분산을 모르는 경우

- (소표본) 자유도가 n−1인 t 분포를 이용하여 검정하며 검정통계량의 계산식은 다음과 같다.

> • 양측검정일 때
>
> $H_0: \mu = \mu_0$
>
> $H_1: \mu \neq \mu_0$
>
> $\frac{\bar{x} - \mu_0}{S/\sqrt{n}} > t_{n-1,\alpha/2}$ 또는 $\frac{\bar{x} - \mu_0}{S/\sqrt{n}} < t_{n-1,\alpha/2}$이면 H_0를 기각

- 가설검정을 할 때 표본크기가 (대표본)이면 모집단의 분포가 어떤 분포이건 중심극한 정리에 의하여 표본분포는 정규분포를 따르기 때문에 Z검정을 하든 t검정을 하든 차이가 없게 된다.

03 R를 활용한 데이터 분석

① R-언어 소개 및 설치

1. 분석 환경의 이해

1) 통계패키지 R의 역사

① R 프로그램은 미국 벨 연구소의 John Chamber가 개발한 S언어를 기반으로 한다.

② 뉴질랜드의 오클랜드대학교 로스이하카와 로버트 젠트맨에 의해서 개발되었다.

③ 2000년 최초 1Version 시작으로 현재까지 4.1.0 버전까지 버전업되어 있다.

2) 통계패키지 R의 특징

① 오픈 소스(Open Source)이다.

② 데이터 핸들링이 우수하다: 텍스트, CSV, 엑셀, SAS, SPSS, Stata, DB 등의 다양한 데이터를 읽어오는 기능이 있다.

③ 인터프리터 언어이다.

④ 우수한 그래픽 기능: 2D, 3D, 동적 그래프 지원

⑤ 다양한 형태(벡터, 행렬, 배열, 데이터 프레임, 리스트)의 데이터 구조를 지원하므로 분석 대응력이 좋다.

⑥ 데이터는 메모리(RAM)에서 작동하기 때문에 속도가 빠르다.

3) Rstudio

- R를 지원하는 GUI(Graphic User Interface)가 다양하게 있으며, 대표적으로 RStudio, Microsoft Visual Studio, R Commander 등이 있다.

① 스크립트(Script) 창

- Batch 모드로 R Script를 작성하고 실행할 수 있는 창이다.
- R Script 창에서 작성한 Script를 실행하려면 Ctrl+R 또는 Ctrl+Enter 또는 블록 설정 후 RStudio Script 창의 상단 메뉴인 'Run' 단추를 클릭하는 세 가지 방법 중에서 본인이 편한 것을 사용하면 된다.

② R 콘솔

- R 프로그램을 짜고 실행할 수 있으며, R Script 창 혹은 Console 창에서 작성한 프로그램의 실행(계산) 결과 보기, 패키지 설치, 에러/오류 메시지 등을 확인할 수 있다.
- R 프로그램을 자주 사용하는 분이라면 R Script 창에서 프로그램을 작성하고 실행한 후 → Console 창 → Environment 창 → Plot 창을 보는 식으로 사용할 가능성이 높다.

③ 환경(Environment)/히스토리(History)

- 환경 창에서 현재 실행 중인 R 프로젝트에서 선언된 변수, 함수, 데이터셋 등의 정보를 살펴볼 수 있다.
- 히스토리 창에서는 현재까지 정상적으로 실행한 명령어들이 나타난다.

④ Files/Plot/Packages/Help/Viewer

- 현재 문서들이 저장되는 폴더나 R을 이용해 그린 그림(plot), 불러온 패키지의 도움말 등을 확인할 수 있다.

2. 분석 데이터에 대한 설명

- 분석 데이터(Data1.xls)은 대한민국 성인 1925명을 대상으로 설문조사한 자료로 건강, 행복, 평화와 관련된 문항 20개, 응답자의 성별 및 교육정도 문항 2개로 구성

• 20개의 설문 문항은 Likert 5점 척도(1=결코 아니다, 2=그렇지 않다, 3=가끔 그렇다, 4=자주 그렇다, 5=매우 자주 그렇다)로 구성되어 있으며, 이들 22개 문항으로부터 계산된 4개의 변수(BF, BM, Happiness, Peace)에 대한 변수명, 변수정의 및 변수설명은 다음과 같다.

〈건강, 행복, 평화와 관련된 변수에 대한 변수명, 변수정의 및 변수설명〉

변수명	변수정의	변수설명
Q1~Q5	BCT1 관련 문항	'건강한 몸의 느낌' 관련 5개 문항
Q6~Q10	BCT2 관련 문항	'건강한 자기관리' 관련 5개 문항
Q11~Q15	BCT3 관련 문항	'행복' 관련 5개 문항
Q16~Q20	BCT4 관련 문항	'평화' 관련 5개 문항
BF	건강한 몸의 느낌	높을수록 몸의 느낌이 건강하다
BM	건강한 자기관리	높을수록 건강을 위한 자기관리를 잘한다
Happiness	행복	높을수록 행복한 성향이 높다
Peace	평화	높을수록 평화적인 성향이 높다

• 사회경제적 지위 및 응답자 특성을 나타내는 2개 문항에 대한 변수명, 변수 정의 및 변수 설명은 다음과 같다.

〈응답자의 사회경제적 지위 및 특성 변수〉

변수명	변수정의	변수설명
Gender1	성별	20=여자, 10=남자, 99=결측값
EDU1	교육정도	1=대학원 졸업 또는 중퇴, 2=대졸 또는 중퇴 3=고졸 또는 중퇴, 4=중졸 이하, 99=결측값

2 R의 기초

1. 데이터 불러오기

1) CSV 파일 불러오기

- 연구자가 직접 조사한 자료의 결과를 우선 EXCEL에 입력하고, 입력을 마친 후에는 '다른 이름으로 저장'을 선택하여 <그림>과 같이 'CSV' 형식의 파일로 저장한다.
- 분석 데이터를 다운받아 c 폴더에 data 폴더 생성 후에 Data1로 저장한다.

그림 'CSV' 파일로 저장

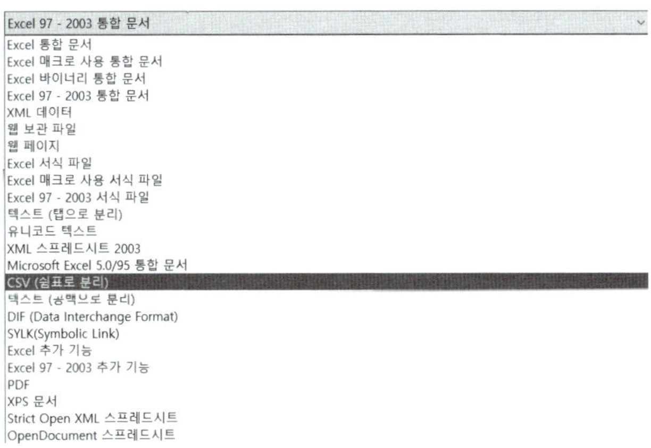

R Script

① CSV 파일 불러오기

```
data <- read.csv("C:/data/Data1.csv",header=TRUE, sep="," )
```

스크립트 설명

- header=TRUE 인자는 CSV 파일의 첫 번째 행을 변수명으로 인식하라는 명령어이다. CSV파일의 첫 번째 행에 변수명이 입력되어 있다면, 인자 값을 TRUE로 지정하여 첫 번째 행을 변수명으로 인식하도록 한다. 변수명이 없는 경우에는 FALSE라고 입력한다.
- sep="," 인자는 csv 파일에서 변수값들을 구분하기 위한 표시를 지정하게 된다.

2) 변수 선택과 사례 선택

(1) 변수 선택

- 데이터 프레임에 있는 변수를 선택하는 방법은 두 가지가 있다.
- 하나는 변수명을 사용해서 선택하는 방법이고 다른 하나는 변수의 위치를 사용해서 선택하는 방법이다. 두 가지 방법 중에서 편한 방법을 선택하면 된다.

변수의 위치를 아는 방법

- 데이터 프레임에 포함된 변수의 이름을 알기 위해서는 names 함수를 사용하면 된다.
- 아래와 같이 names(data)라고 입력하면 data라는 데이터 프레임에 포함된 모든 변수들을 보여준다.
- 이때 각 줄의 가장 앞에 나온 대괄호 안에 있는 숫자는 그 줄 첫 번째 변수의 위치이다. 이 숫자를 기준으로 그 뒤에 나오는 변수의 위치를 알 수 있다.
- 예를 들어 아래 EDU1 변수의 위치는 22이다.

```
> names(data)
 [1] "Q1"        "Q2"      "Q3"       "Q4"     "Q5"    "Q6"
 [7] "Q7"        "Q8"      "Q9"       "Q10"    "Q11"   "Q12"
[13] "Q13"       "Q14"     "Q15"      "Q16"    "Q17"   "Q18"
[19] "Q19"       "Q20"     "Gender1"  "EDU1"   "BF"    "BM"
[25] "Happiness" "Peace"
```

분석 순서

① 변수명을 사용해서 변수를 선택하고자 할 때는 선택하고자 하는 변수명을 문자형 벡터(vector)로 만든다. 문자형 벡터에는 한 요소마다 큰따옴표(" ")를 표시해야만 각각 하나의 요소로 인식할 수 있다. 그리고 문자형 벡터를 select_variables라는 객체에 저장한다.

② 숫자형 벡터를 통해서 변수를 선택할 수도 있다. 숫자형 벡터를 만드는 방법은 문자 벡터를 만드는 형식과 유사하지만, 벡터의 각 요소는 숫자이고, 큰따옴표 표시를 하

지 않는다. 그리고 각 요소의 숫자는 데이터 내 변수의 위치를 의미한다. 예를 들어 c(1,2)라는 숫자형 벡터를 입력하면, 데이터에서 첫 번째에 위치한 변수와 두 번째에 위치한 변수를 지정하는 것이다. 숫자형 벡터를 select_variables라는 객체에 저장한다.

③ ① 이나 ② 에서 만든 벡터(select_variables)를 사용해서 'data' 데이터 프레임에서 필요한 변수만을 선택한 후에 select_data라는 새로운 데이터 프레임으로 저장한다.

④ 그 외 방법은 조금 더 간단히게 데이터를 추출하는 방법이다.

R Script

변수 선택

① 문자형 벡터 만들기

```
select_variables <- c("Gender1", "EDU1", "BF", "BM", "Happiness", "Peace")
select_variables
```

② 숫자형 벡터 만들기

```
select_variables <- c(21:26)
```

③ 문자형 혹은 숫자형 벡터에 입력된 변수를 데이터에서 선택

```
select_data <- data[select_variables]
```

④ 그 외 벡터 만드는 법

```
select_data <- data[,c(21:26)]
select_data <- data[c(21:26)]
select_data <- subset(data, select = c(21:26))
select_data <- subset(data, select = c("Gender1", "EDU1", "BF", "BM",
                                       "Happiness", "Peace"))
```

선택된 데이터 보기

```
View(select_data)
```

스크립트 설명

- 필요한 변수만을 추출하기 위해서 해당 변수명만으로 문자형 벡터를 만들어서 select_variables이라는 객체로 저장한다.
- 필요한 변수만을 추출하기 위해서 해당 변수의 위치를 사용해서 숫자형 벡터를 만들

어서 select_variables이라는 객체로 저장한다. 여기에서 문자형 벡터와 숫자형 벡터의 이름이 select_variables로 동일하다는 점에 주목하자. 이는 두 가지 방법 중에서 어떤 방법을 사용해도 된다는 것을 의미한다.

- 데이터 프레임 'data'에서 선택할 변수들을 지정해서 저장한 객체(select_variables)를 [ ] 기호 안에 입력한다. 이렇게 하면 지정한 데이터 내에서 벡터에서 지정한 변수명이나 변수 순서와 일치하는 변수가 선택된다. 이렇게 선택된 변수들을 'select_data'라는 새로운 객체에 저장한다.

도움말

괄호(( ), [ ])의 사용

- 소괄호 ( )는 함수의 인자(arguments)를 입력할 때 주로 사용한다.
- 대괄호 [ ]는 벡터나 행렬의 구성요소를 가리키는 색인 위치나 조건을 입력할 때 사용한다. 대괄호 안에 관계(비교) 연산자와 논리연산자를 사용하여 행렬의 구성요소를 가리키는 조건을 입력할 수 있다.

(2) 케이스 선택

분석 순서

① 이전 과정에서 필요한 변수만 저장시킨 데이터 프레임 'select_data'에서 행복과 평화가 3 이상인 사례를 선택한다.

② 이렇게 선택한 사례들을 새로운 데이터 프레임 'test1'로 저장한다.

R Script

케이스 선택

```
test1 <- select_data[which(select_data$Happiness>=3 & select_data$Peace>=3),]
test1
# View(test1)
```

스크립트 설명

- 우선 대상 데이터()를 지정하고, 그중에서 특정 조건을 만족시키는 사례들을 선택하

고자 하기 때문에 조건을 입력할 수 있는 대괄호 [(행), (열)]를 사용한다. 그다음으로 사례를 선택하고자 하는 조건이 행이므로 행을 의미하는 위치에 조건을 입력한다. 맨 뒷부분 닫는 대괄호 앞에 ','가 있음에 주목하자.

- 선택 조건의 지정은 which 함수를 이용한 방법을 사용하였다. which 함수는 ( ) 안의 조건에 해당되는 객체만을 선택하는 데 사용하는 함수이다. 선택하고자 하는 조건으로 'select_data'이라는 데이터 내('$'기호로 구분)에 있는 Happiness 변수의 변수값이 3이상(select_data$Happiness >= 3)이라는 조건과 Peace 변수의 변수값 3이상(select_data$Peace >= 3)이라는 조건을 입력한다. 그리고 이 두 조건이 모두 충족되는 사례만을 선택할 것이기 때문에 'and'라는 논리연산자인 '&'표시를 두 조건 사이에 입력한다.
- [(행), (열)] 표시에서 열에 대한 조건은 없으므로 공란으로 남겨놓는다.
- 이렇게 선택한 사례들을 'test1'이라는 새로운 객체(데이터 프레임)에 서상한다.

도움말

- R에서는 대괄호를 사용할 때 ','를 사용하는 경우 ','의 앞 부분은 행(사례)을 지정하는 조건으로 사용되며, 뒷부분은 열(변수)을 지정하는 조건으로 사용된다.
- 예를 들어 test1[1,3]이라는 명령어는 test1 데이터 프레임의 3번째 열(변수)의 첫 번째 행(사례)를 선택한다는 것을 의미한다.
- test1[1,]: test1 데이터 프레임의 첫 번째 사례를 선택
- test1[,3]: test1 데이터 프레임의 세 번째 변수를 선택

3 통계분석을 위한 데이터 변환

사회과학 데이터를 통계분석할 때 설문지에서 측정된 문항이나 변수를 그대로 사용하는 경우는 거의 없다. 재부호화, 새 변수 만들기 등 어떤 식으로든 필요에 맞게 수정하고 변환시키는 과정을 거쳐야 하는데 데이터 분석에서는 이러한 과정이 필수적이고 매우 중요하다.

R Script

CSV 파일 불러오기

```
data <- read.csv("C:/data/Data1.csv",header=TRUE,sep=",")
```

벡터로 변수 선택하기

```
test <- data[c(1:22)]
test
# View(test)
```

1) 새 변수 만들기

데이터를 분석하다 보면 새로운 변수를 만들어야 하는 경우가 자주 발생한다. 새 변수를 먼저 적어주고 다음에 할당 기호(<-)를 적고 그 뒤에 새 변수를 만드는 다양한 조건들을 표현해 주면 된다.

R Script

```
(새변수명) <- (다양한 조건)
```

(1) 데이터프레임명$변수명을 사용하는 방법

R Script

데이터프레임명$변수명을 사용하는 방법

```
test$BF <- (test$Q1 + test$Q2 + test$Q3 + test$Q4 + test$Q5) / 5
```

스크립트 설명

- 모든 변수를 사용할 때 그 앞에 데이터 프레임명을 다 적어서 평균값을 새 변수 BF에 할당한다. 이렇게 하면 test 데이터 안에 BF라는 새 변수가 생성된다.

(2) attach 함수를 사용하는 방법

R Script

attach 함수를 사용하는 방법

```
attach(test)
test$BM <- (Q6 + Q7 + Q8 + Q9 + Q10) / 5
detach(test)
```

스크립트 설명

- attach(test) 명령어를 실행시켜서 test 데이터를 불러온다.
- 5개의 변수들의 평균을 구한 다음 새 변수 BM에 할당한다. 이때 주목해야 하는 것은 5개 변수를 이용하여 평균을 구하는 변수에는 데이터프레임명을 사용하지 않았지만 새 변수인 BM 앞에는 데이터프레임명을 붙여야 한다는 점이다. 그래야 새 변수가 test라는 데이터 안에 생성된다.
- detach(test) 명령어를 실행시켜서 불러온 test를 원위치시킨다. 이 방법은 많은 양의 데이터를 변환할 때 사용하면 유용하다.

(3) transform 함수를 사용하는 방법

R Script

transform 함수를 사용하는 방법

```
attach(test)
test <- transform(test, Happiness = (Q11 + Q12 + Q13 + Q14 + Q15) / 5)
detach(test)
```

스크립트 설명

- transform 함수는 앞의 경우와 달리 데이터 프레임에 결과를 할당한다. 따라서 test라는 데이터 프레임이 할당의 대상이다.
- transform 함수의 인자에서는 먼저 데이터 이름(test)를 적어주고, ',' 이후에 새 변수(Happiness)와 '=' 기호 후에 5개 변수의 평균값을 지정해 준다.

• R의 사칙연산

기호	의미
+	더하기
-	빼기
*	곱하기
/	나누기
** 또는 ^	제곱

2) 재부호화

• 재부호화는 데이터를 분석할 때 가장 많이 사용하는 변환 중의 하나라고 할 수 있다. 기존 변수의 변수값에 주어진 조건에 따라서 새로운 변수값을 부여할 수도 있고, 기본 변수를 그대로 두고 새로운 변수를 만들어서 새 변수값을 부여할 수도 있다.

• 재부호화를 사용하는 경우는 다음과 같은 상황들이 대표적이다.

① 연속변수를 재부호화해서 몇 개의 집단으로 구성된 범주형 변수로 만드는 상황

② 잘못 입력된 값을 올바른 값으로 수정하는 상황

③ 변수의 방향을 바꾸기 위해서

• 재부호화를 위해서는 먼저 논리연산자를 파악하는 것이 필요하다.

기호	의미
〈	작다
〈=	작거나 같다
〉	크다
〉=	크거나 같다
==	같다
!=	같지 않다
!x	x가 아니다
x|y	x 또는 y
x&y	x 와 y
is True(x)	x가 TRUE인지 확인

• R에서 재부호화는 기본적인 형태는 아래와 같다.

R Script

```
변수[조건] <- 표현          # 조건이 참일 때만 표현을 할당한다.
```

(1) 그룹변수 만들기

아래의 사례는 평화라는 변수를 분석에 사용하기 위해서 집단 변수로 만드는 상황을 보여주는 것이다. 먼저 세 변수를 사용해서 평화 변수를 만들고, 이 변수의 분포를 살펴본 후에, 적절하게 구분해서 "상, 중, 하"라는 세 집단을 가진 범주형 변수로 만드는 것이다.

R Script

① 평화 변수 만들기

```
attach(test)
test$Peace <- (Q16 + Q17 + Q18 + Q19 + Q20) / 5
detach(test)
```

스크립트 설명

① 평화(Peace) 변수는 Q16 ~ Q20 변수의 평균값으로 구성한다.

- 평화 변수를 만들기 위해 attach 함수를 이용하여 데이터를 불러오고, Q16 ~ Q20의 평균값으로 Peace 변수로 저장한다.

R Script

② 평화 변수의 분할표

```
table(test$Peace)
prop.table(table(test$Peace))
```

```
Console
> table(test$Peace)
1.2 1.4 1.6 1.8   2 2.2 2.4 2.6 2.8   3 3.2 3.4 3.6 3.8   4 4.2 4.4
  1   1   6   6  46  27  64  56  96 136 147 171 288 204 366 112  83
4.6 4.8   5
 55  25  35
> prop.table(table(test$Peace))
         1.2          1.4          1.6          1.8            2
0.0005194805 0.0005194805 0.0031168831 0.0031168831 0.0238961039
         2.2          2.4          2.6          2.8            3
0.0140259740 0.0332467532 0.0290909091 0.0498701299 0.0706493506
         3.2          3.4          3.6          3.8            4
0.0763636364 0.0888311688 0.1496103896 0.1059740260 0.1901298701
         4.2          4.4          4.6          4.8            5
0.0581818182 0.0431168831 0.0285714286 0.0129870130 0.0181818182
```

분석 순서

② 평화 변수의 분포를 살펴보고 평화의 정도에 따라 평화가 높은 집단, 평화가 중간인 집단, 그리고 평화가 낮은 집단으로 구분하고자 한다.

- 평화 정도에 따른 집단은 가급적 비슷한 사례수가 되도록 하기 위해 누적 비율을 33.3%와 66.7%를 기준으로 이 기준에 가장 가까운 값으로 집단을 나누도록 한다.
- 즉 누적 비율이 0%에서 33.3% 미만까지 해당되는 변수값을 가진 응답자인 경우는 첫 번째 집단으로 정의하고, 33.3% 이상부터 66.7% 미만까지 해당되는 변수값을 가진 응답자인 경우에는 두 번째 집단으로 정의한다. 그리고 66.7% 이상의 변수값을 가진 응답자는 세 번째 집단으로 정의한다.
- 비율을 누적해서 살펴보면, 33.3%에 가장 가까운 평화는 3.2(30.44%)이며, 66.7%에 가장 가까운 평화는 3.8(64.88%)이다. 따라서 최소값인 1.2부터 응답자의 누적 비율이 33.3%와 가장 가까운 3.2까지는 평화가 낮은 집단으로 지정하고, 3.3부터 응답자의 누적 비율이 66.7%와 가장 가까운 평화 3.8까지 평화가 중간인 집단으로, 끝으로 3.9부터 이상인 경우에는 평화가 높은 집단으로 나눈다.

R Script

③ 평화 변수를 3집단으로 분류

```
attach(test)
test$grp.Peace[Peace >= min(Peace) & Peace <= 3.2] <- 1
test$grp.Peace[Peace >= 3.3 & Peace <= 3.8] <- 2
test$grp.Peace[Peace >= 3.9 & Peace <= max(Peace)] <- 3
detach(test)
table(test$grp.Peace)
```

스크립트 설명

③ 평화 변수를 평화 정도에 따라 3집단으로 분류한다.

- 평화 변수가 가장 낮은 점수부터 3.2점까지는 낮은 집단으로 숫자 '1'을 부여하여 새로운 변수인 집단 변수(grp.Peace)에 저장한다. 또한 3.3점부터 3.8점까지는 '2', 3.9점부터 가장 높은 점수까지는 '3'을 부여하였다.
- 기존 변수인 Peace를 세 집단으로 재부호화 할수도 있지만 원 데이터를 보존하기 위해 새로운 변수(grp.Peace)를 만들어서 재부호화된 값을 할당하였다.

```
Console
> table(test$grp.Peace)
  1   2   3
586 663 676
```

분석 결과

- 새로 만든 집단 변수인 grp.Peace의 빈도분포를 구해보면 평화가 낮은 집단(1)이 586명, 중간인 집단(2)이 663명, 높은 집단(3)이 676명이다.

(2) 새 변수로 재부호화하기

아래의 예는 기존의 변수를 그냥 두고 새 변수를 만들어서 재부호화 하는 사례이다.

R Script

Gender1의 속성을 '남자', '여자'로 재부호화

```
attach(test)
test$Gender[Gender1 == 10] <- 1     # 남자
test$Gender[Gender1 == 20] <- 2     # 여자
detach(test)
table(test$Gender)
```

스크립트 설명

- attach 함수를 이용하여 재부호화 하고자 변수가 포함된 데이터인 test를 지정한다.
- test 데이터 내의 성별 변수인 Gender1을 재부호화 한다.
- 변수 Gender1의 변수값에서 10은 '남자'를 의미하는 1로 재부호화하고([Gender1 == 10] <− 1), 재부호화한 결과는 test 내의 Gender라는 변수(test$Gender)에 저장한다.
- 같은 방법으로 변수 Gender1의 변수값 20은 '여자'를 의미하는 2로 재부호화 한다.
- 재부호화 한 Gender 변수를 확인하기 위해 table함수를 이용하였다.
- 결과값을 확인해 보면 결측값 99가 있다는 것을 알 수 있다.

(3) 변수의 방향을 역으로 재부호화하기

교육정도를 측정한 문항은 서로 다른 방향으로 측정되어 있다. 분석의 용이성을 위해 이를 재부호화 한다.

R Script

반대로 측정된 변수의 값을 재부호화

```
attach(test)
test$EDU[EDU1==4] <-1
test$EDU[EDU1==3] <-2
test$EDU[EDU1==2] <-3
test$EDU[EDU1==1] <-4
detach(test)
table(test$EDU)
```

스크립트 설명

- 재부호화 방법을 사용하여 EDU1 변수 4에는 1, 3에는 2, 2에는 3, 1에는 4로 재부호화 하여 이를 새 변수인 EDU에 할당한다.
- 재부호화 한 EDU 변수를 확인하기 위해 table 함수를 이용하였다. 결과값을 확인해 보면 결측값 99가 있다는 것을 알 수 있다.

(4) 두 독립변수의 변수값을 교차시켜 하나의 집단변수 만들기

분석 시 두 집단 변수의 변수값을 교차시켜서 새로운 집단을 만드는 것이 필요한 경우가 있다. 아래에는 성별 변수와 앞에서 만든 평화 집단 변수를 교차시켜서 새로운 집단 변수를 만드는 사례를 소개한다.

R Script

두 독립변수의 변수값을 교차시켜 하나의 집단변수 만들기

```
attach(test)
test$grp.Gender.Peace[Gender==1 & grp.Peace==1] <-11
test$grp.Gender.Peace[Gender==1 & grp.Peace==2] <-12
test$grp.Gender.Peace[Gender==1 & grp.Peace==3] <-13
test$grp.Gender.Peace[Gender==2 & grp.Peace==1] <-21
test$grp.Gender.Peace[Gender==2 & grp.Peace==2] <-22
test$grp.Gender.Peace[Gender==2 & grp.Peace==3] <-23
detach(test)
```

스크립트 설명

- 성별 변수와 평화 집단 변수를 교차시켜 하나의 변수로 만들기 위해 '남자(Gender==1)'이면서 '낮은 평화 집단(grp.Peace==1)'인 경우에는 새로운 부호('11')를 지정하여 새로운 변수(grp.Gender.Peace)에 할당하고, '여자(Gender==2)'이면서 '낮은 평화 집단(grp.Peace==1)'인 경우에는 새로운 부호('21')를 지정하여 새로운 변수(grp.Gender.Peace)에 할당하는 식으로 두 독립변수를 교차시킨 모든 경우에 새로운 부호를 지정하여 새로운 변수에 저장하는 방법을 사용한다.
- 집단 변수로 사용하는 경우에는 새로운 변수값에 11부터 23까지의 숫자가 아니라 문자 형태로 입력해도 된다. 이 경우에는 큰따옴표(" ") 안에 문자를 입력해야 하며 한

글의 입력도 가능하다.

- 이 방법을 사용하기 위해 우선 attach 함수로 새로운 변수를 만들기 위한 데이터를 지정하고, 두 독립변수의 모든 경우에 새로운 부호를 지정한 후에 detach 함수로 마무리한다.

3) 결측값 지정하기

- 결측값은 설문조사 시 문항에 응답하지 않아 빈칸으로 있는 경우이거나 데이터를 입력하는 과정에 발생한 오류로 인해서 옳지 않은 값이 입력되었을 때 그 값을 분석에 제외하기 위해서 지정하는 것이다.
- R에서 결측값을 의미하는 기호는 'NA(not available)'이다. 이 기호는 문자와 숫자 모두에서 사용할 수 있다.
- 특정 값을 결측값으로 지정하는 것은 앞에서 설명한 재부호화의 특수한 경우에 해당한다. 즉 특정 조건에 해당하는 값을 'NA'라고 지정해주면 된다.

R Script

결측값 지정

```
test$Gender[test$Gender == 99] <- NA
test$EDU[test$EDU == 99] <- NA
table(test$Gender); table(test$EDU)
sum(test$EDU); sum(test$EDU, na.rm=TRUE)
# summary(test$Gender); summary(test$EDU)
```

결측값 제거하기

```
test <- test[complete.cases(test),]
```

스크립트 설명

- 두 변수 Gender와 EDU의 값 99를 결측값 NA로 처리하는 방법이다.
- test$Gender는 결측값으로 지정한 결과를 저장할 대상이다.
- [test$Gender == 99]는 특정 변수값을 결측값으로 지정할 대상 변수와 조건을 입력('equal'의 논리연산자 '==').
- NA는 지정된 대상 변수의 조건에 해당되는 경우 이 값으로 변경한다.

- table함수를 다시 이용해보면 해당 값이 결측값으로 처리된 것을 알 수 있으며, summary 함수를 이용하여 확인 결과 99값이 NA로 지정되었다.
- 통계분석을 수행할 때 일부 함수의 경우에는 결측값을 제외할 인자를 별도로 지정하지 않을 경우 결측값이 포함된 변수의 분석 결과가 제대로 나오지 않는 경우가 있다. 이때 결측값을 제외하기 위해서는 대부분의 함수에서 사용할 수 있는 'na.rm=TRUE'라는 인자를 사용하면 된다.
- 예를 들어 sum(test$EDU)이라는 명령어를 실행시키면 NA라는 결과가 출력된다. 이 변수에 결측값이 있기 때문에 계산할 수 없다는 의미이다. 이때는 결측값을 제외하고 분석하라는 의미로 sum(test$EDU, na.rm=TRUE)이라고 명령어를 실행시키면 결측값을 제외하고 나머지 합계인 5034가 출력된다.
- complete.cases 함수를 이용하여 NA(결측값)으로 지정된 데이터를 삭제하였다.
- na.omit() 함수를 이용해도 결측값을 삭제할 수 있다.

4) 데이터 병합하기

- 데이터가 여러 곳에 나누어져 있는 경우에는 필요에 따라 두 개의 데이터 셋을 병합해야 하는 경우가 있다. 이때 두 가지의 형태로 병합이 가능하다.
- 첫 번째는 같은 사례에 대해서 변수를 병합하는 경우이고, 두 번째는 같은 변수를 가진 데이터에 사례를 병합하는 경우이다.

(1) 변수를 병합하는 경우

이 경우에는 merge 함수를 사용한다. merge 함수의 인자로 병합할 데이터 프레임의 이름을 차례로 적어주고, 다음으로 by를 통해서 두 데이터 프레임에 공통적으로 존재하고 병합의 기준이 되는 주변수(key variable)를 지정하면 된다.

R Script

변수를 병합하는 경우

```
data$ID <- seq.int(nrow(data))
data1 <- data[,c(27,21,22,23)]
data2 <- data[,c(27,24,25,26)]
str(data1); str(data2)
mergedata <- merge(data1, data2, by="ID")
```

```
str(mergedata)
```

스크립트 설명

- merge 함수에는 병합하려는 두 데이터를 입력하고, by 인자에는 두 데이터를 병합할 경우에 기준이 되는 변수를 지정한다.
- 두 데이터가 병합할 때에는 data1와 data2의 동일한 변수가 지정되어야 하므로 seq() 함수를 통하여 고유번호 ID변수 생성 후 각 데이터에서 "ID" 변수값이 같을 경우 병합이 된다.
- 만약 test1이나 test2에 하나라도 빠진 사례가 있다면 병합된 데이터에서는 제외된다.

5) 데이터 분할하기

기존 데이터에서 그 일부만 선택해서 새로운 데이터를 만들어야 할 경우가 있다. 이때도 두 경우가 있다. 하나는 일부 사례만 추출하는 경우와 다른 하나는 일부 변수만 추출하는 경우이다.

(1) 일부 변수를 추출하는 경우

이 경우에는 dataframe[행, 열]의 표현을 사용하여 변수를 추출할 수 있다.[,]에서 쉼표 앞은 행(사례)을 의미하고, 쉼표 뒤쪽은 열, 즉 변수를 의미한다. 쉼표 뒤에 원하는 표현을 입력함으로써 변수를 선택할 수 있다. 이때 데이터 프레임에 속한 변수의 위치를 사용할 수도 있고, 변수의 이름을 사용할 수도 있다.

R Script

data의 첫 세 변수만 추출하는 경우 1

```
newdata <- data[,c(1:3)]
newdata
```

스크립트 설명

- 쉼표 앞이 빈칸이기 때문에 모든 사례를 선택하고, 변수는 첫 번째부터 세 번째 변수를 선택한다는 의미이다. 이때 'c(1:3)'이라고 해도 되고 '1:3'이라고 입력해도 무방하다.

R Script

data의 세 변수만 추출하는 경우 2

```
var <- c("Gender1", "EDU1", "BF")
newdata <- data[var]
newdata
```

스크립트 설명

- 변수명을 사용하는 경우에는 변수명 이름을 지정한 객체를 먼저 만들고 데이터에 그것을 지정하면 된다.

(2) 일부 사례만 선택하는 경우

일부 사례만 선택하는 경우도 기본적으로 두 가지 방법을 사용할 수 있다. 첫 번째는 dataframe[행, 열]의 표현을 사용하는 방법이다. 앞에서 일부 변수를 선택할 때와 반대의 방법을 하면 된다.

R Script

data의 처음 5개 사례만 추출하는 경우

```
newdata <- data[1:5,]
newdata
```

두 번째 방법은 특정 조건을 지정하고 그것을 충족하는 사례만을 선택하도록 하는 경우이다. 이때는 which 함수를 사용한다.

R Script

남자만 선택하는 경우

```
newdata <- data[which(data$Gender==10),]
newdata
```

남자 중에서 평화 정도가 낮은 경우만 선택하는 경우

```
newdata <- data[which(data$Gender==10 & data$Peace<=3.2),]
newdata
```

(3) subset 함수를 사용한 경우

위에서 소개한 방법이 기본적으로 사용할 수 있는 방법이지만, 일반적으로 가장 많이 사용하는 것이 subset 함수를 사용하는 방법이다. 이 함수를 사용하면 사례와 변수를 쉽게 추출할 수 있다.

R Script

subset 함수를 사용하여 사례와 변수를 추출하는 경우

```
newdata <- subset(data, Happiness>=3 & Peace>=3, select =
          c("Gender1", "EDU1", "BF", "BM", "Happiness", "Peace"))
```

스크립트 설명

- 추출하는 새 데이터는 우리가 분석에 사용할 변수만을 포함하고 행복(Happiness)과 평화(Peace) >=3 인 데이터이다.
- subset 함수를 사용할 때는 인자로서 먼저 데이터 셋의 이름을 지정하고(data), 다음으로 사례를 선택할 조건을 지정하며(Happiness>=3 & Peace>=3), 마지막으로 select 인자를 사용하여 남겨두고자 하는 변수를 지정하면 된다.
- 데이터 셋에서 따로 떨어진 변수들을 추출하고자 할 때는 c("변수명", "변수명")의 표현을 사용하여 지정하면 되며, 연속하여 있는 변수들을 선택할 때는 ':'을 사용할 수 있다. 'select = 시작 변수:끝 변수'라고 지정하면 원래 데이터 셋에서 시작 변수와 끝 변수 사이에 포함된 모든 변수들이 선택된다.

7) 변수의 이름과 레이블 설정

R Script

names() 변수 이름을 모두 출력하는 함수

```
names(test1)
```

특정 변수 이름을 변경할 때(변수 이름 기준)

```
names(test1)[names(test1) == "Happiness"] <- "test_Happiness"
names(test1)
```

특정 변수 이름을 변경할 때(위치 기준)

```
colnames(test1)[1] <- "new_Gender" # 1번째 column 변수명을 변경
names(test1)
```

전체 변수 이름을 지정하여 변경할 때 변수의 개수와 이름의 개수가 같아야 한다.

```
abc <- c("Q11", "Q12", "Q13")
mydata <- data[abc]
mydata
names(mydata) <- c("apple", "banana", "cherry")
```

4 기술통계

데이터를 분석할 때 가장 먼저 하는 작업은 자신의 데이터가 어떤 모습을 지니고 있는지 파악하는 것이다. 이를 위해서 변수들에 대한 기술 통계를 살펴보아야 한다. 첫 번째는 변수의 빈도분포를 알아보는 것이며, 두 번째는 다양한 기술통계량을 구하는 방법이다.

1) 빈도표 출력

빈도분포는 한 변수에 대한 다양한 정보를 살펴볼 수 있는 가장 기본적인 분석 방법이다. 빈도분포를 알아보기 위해서 R에서는 다양한 방법을 제공한다. 이러한 다양한 방법들 중에서 사용자가 원하는 정보를 자신에게 맞는 방법을 선택하여 얻는 것이 필요하다.

(1) table 함수를 이용한 빈도표 출력

빈도분포를 구하기 위해서 가장 기본적인 명령어는 table이다. table 명령어는 한 변수에 대해서 사용할 때는 기본적인 빈도분포를 제공하고, 두 변수에 대해서 사용할 때는 기본적인 교차표를 제공한다.

R Script

table 함수를 이용한 방법

```
table(test$EDU)
```

명령어 설명

table()　　　기본적인 빈도표나 교차표(cross-table)를 산출할 수 있는 함수

스크립트 설명

- table 함수는 기본적인 빈도표나 교차표를 출력할 수 있는 함수이다.
- table 함수의 괄호 안에 빈도표를 출력하고자 하는 변수명을 입력한다.

Console

```
> table(test$EDU)
   1    2    3    4
 231  472 1022  198
```

분석 결과

- table 함수를 이용한 분석 결과에는 변수값과 변수값에 따른 빈도가 출력된다.
- 빈도분포를 통해 교육정도가 3인 "대졸 또는 중퇴"가 많은 것을 알 수 있다.
- table을 사용한 빈도분포는 단지 사례 수의 분포만 보여줄 뿐 백분율 등의 정보는 제공하지 않아 다소 불편할 수 있다.

(2) 'plyr' 패키지를 이용한 빈도표 출력

빈도분포를 변수값이 아래쪽으로 분포하도록 빈도분포를 구하기 위해서 사용할 수 있는 명령어가 'plyr' 패키지의 count 함수이다.

분석 순서

- 'plyr'패키지를 설치하고, 불러온다.
- count 함수를 이용하여 빈도표를 출력한다.

R Script

'plyr'패키지를 이용한 방법

```
install.packages("plyr")
library(plyr)
count(test, 'EDU')
```

명령어 설명

count 'plyr' 패키지에서 각 속성의 사례수를 세어주는 함수

스크립트 설명

- 'plyr' 패키지를 설치하고 불러온다.
- count 함수에는 빈도표를 출력하고자 하는 변수가 있는 데이터명을 먼저 입력하고, 다음에 해당 변수명을 입력한다. 해당 변수명을 입력할 때는 작은따옴표를 붙인다.

```
Console
> count(test, 'EDU')
  EDU freq
1   1  231
2   2  472
3   3 1022
4   4  198
```

분석 결과

- count 함수를 이용한 결과를 살펴보면, 변수 이름(EDU) 아래에는 변수값이 출력되고, 빈도(freq) 아래에는 변수값별 빈도가 출력된다.
- count 명령어를 사용해도 사례 수의 분포만 나타날 뿐 여전히 백분율은 제공되지 않는다.

2) 기술통계량 출력

한 변수에 대한 대표값(평균, 중앙치, 최빈치)이나 분산, 표준편차 등의 기술통계량은 'psych', 'Hmisc' 같은 패키지의 함수를 이용하여 산출할 수 있다. 'psych'와 'Hmisc' 패키지의 describe 함수는 기술통계량을 산출하려는 변수를 지정하여 다양한 기술통계값을 얻을 수 있다.

(1) summary 함수를 이용한 기술통계량 출력

가장 기본적으로 변수의 기술통계량을 알아볼 수 있는 함수는 기본 패키지의 summary 함수이다.

분석 순서

- 기본 패키지의 summray 함수를 사용해서 기술통계량을 출력한다.

R Script

summary 함수를 이용한 방법

```
summary(test$EDU)
```

스크립트 설명

- summary 함수의 괄호 안에 해당 변수명을 입력하면 그 변수의 가장 기본적인 기술통계량이 출력된다.
- 만약 괄호 안에 데이터 프레임명을 입력하면 데이터 프레임에 들어있는 모든 변수의 기술 통계량을 출력해 준다.

```
Console
> summary(test$EDU)
   Min.  1st Qu.  Median    Mean  3rd Qu.    Max.
  1.000   2.000    3.000   2.617   3.000    4.000
```

분석 결과

- 대푯값을 중심으로 최소한의 기본적인 내용(최소값, 1사분위 값, 중앙값, 평균, 3사분위 값, 최대값)만을 보여주기 때문에 좀 더 자세한 기술통계량을 구하기 위해서는 다음에서 소개하는 다양한 패키지에 들어있는 함수를 사용하는 것이 좋다.

(2) 'psych'패키지를 이용한 기술통계량 출력

앞에서 소개했던 summary 함수보다 좀 더 다양한 기술통계량을 구하고자 할 때 'psych'패키지의 describe 함수를 사용할 수 있다. 이 함수는 'Hmisc'패키지의 describe 함수와 이름은 동일하지만 다른 결과를 출력해 준다.
'Hmisc' 패키지의 describe 함수가 빈도표를 위주로 결과를 출력해 주는 반면, 'psych' 패키지의 describe 함수는 빈도표는 보여주지 않지만 다양한 기술통계량을 출력해 준다.

분석 순서

① 'psych' 패키지를 설치하고 불러온다.

② 'psych' 패키지의 describe 함수를 이용하여 기술통계량을 출력한다.

R Script

'psych'패키지를 이용한 방법

```
install.packages("psych")
library(psych)
describe(test$EDU)
```

명령어 설명

describe	'psych' 패키지에서 변수에 대한 기술통계량을 산출해주는 함수

스크립트 설명

- 'psych' 패키지의 describe 함수를 이용하여 기술통계량을 출력한다.
- 'psych' 패키지를 설치하고 불러온다.
- describe 함수의 괄호 안에 기술통계량을 출력할 대상 변수명을 입력한다.

```
Console
> describe(test$EDU)
   vars    n mean   sd median trimmed mad min max range  skew kurtosis   se
X1    1 1923 2.62 0.83      3    2.65   0   1   4     3 -0.47    -0.33 0.02
```

분석 결과

- describe 함수를 이용하여 출력되는 기술통계량은 변수의 수(vars), 유효 사례수(n), 평균(mean), 표준편차(sd), 중위수(median), 절사 평균(trimmed mean, 디폴트는 0.1), 중위수 절대편차(mad: median absolute deviation, 각 사례 값이 중위수로부터 떨어진 거리인 절대편차의 평균), 최소값(min), 최대값(max), 범위(range), 왜도(skew), 첨도(kurtosis), 표준오차(se: standard error)가 제시된다.

5 교차분석

교차분석(카이제곱 검증)이란 검증하고자 하는 변수가 모두 범주형 변수(명목척도, 서열척도) 일 때, 두 변수 간 연관성이 있는지 알아보는 분석 방법이다.

1) 교차분석의 분석 방법

교차분석을 좀 더 쉽게 이해하도록 하기 위해서 아래와 같이 가설을 설정한 뒤 분석 데이터를 통해 가설을 검증하는 과정을 거치면서 교차분석 방법을 설명하기로 한다.

R Script

대립가설

성별에 따라 전반적인 평화의 분포가 다를 것이다.

(1) table 함수를 이용한 교차분석

분석 순서

① 평화 변수값을 새 변수명으로 재부호화 한다.

② 재부호화한 새 변수의 변수값 설명을 입력한다.

③ 두 변수의 값에 따른 사례수를 계산한다.

④ 두 변수의 값에 따른 주변 합계를 계산한다.

⑤ 두 변수의 값에 따른 비율을 계산한다.

⑥ χ^2값을 계산한다.

R Script

① Peace 속성을 '낮음', '보통', '높음' 응답으로 재부호화

앞 장에서 '재부호화'를 통해 해당 변수를 만들어 놓았다.

```
# attach(test)
# test$grp.Peace[Peace >= min(Peace) & Peace <= 3.2] <- 1
# test$grp.Peace[Peace >= 3.3 & Peace <= 3.8] <- 2
# test$grp.Peace[Peace >= 3.9 & Peace <= max(Peace)] <- 3
# detach(test)
```

스크립트 설명

① 대립가설을 검증하기 위해 우선 전반적인 평화를 3집단으로 재부호화 한다.

- attach 함수를 이용하여 재부호화 하고자 하는 변수가 포함된 데이터인 test를 지정한다.
- test 데이터 내의 전반적인 평화 변수인 Peace을 재부호화 한다. 여기에서는 원래 변수를 재부호화 하는 것이 아니라 새 변수를 생성해서 재부호화 하는 방식을 사용한다.
- 변수 Peace의 변수값에서 1.2와 3.2는 '평화가 낮은 집단'을 의미하는 1로 재부호화 하고 ([Peace >= min(Peace) & Peace <= 3.2] <- 1), 재부호화 한 결과를 test 내의 grp.Peace 라는 변수(test$grp.Peace)에 저장한다.
- 같은 방법으로 변수 Peace의 변수값에서 3.3과 3.8은 '평화가 보통인 집단'을 의미하는 2로 재부호화 한다.
- 다음으로 변수 Peace의 변수값에서 3.9와 5는 '평화가 높은 집단'을 의미하는 3으로 재부호화 하고, 재부호화 한 값들은 test 내의 grp.Peace라는 변수에 저장하였다.

> **참고**
> 변수의 값을 재부호화 한 값을 저장할 변수명은 해당 데이터 내에 기존 변수를 사용할 수도 있다. 그렇지만 이러한 경우에는 기존의 변수가 가지고 있던 값은 사라지게 되고, 재부호화 한 값으로 대체된다. 나중에 원 변수를 그대로 사용해야 하는 경우가 있을 수 있기 때문에 변수값을 재부호화 할 때는 가능하면 원 변수를 그냥 두고 새 변수를 재부호화 해서 사용하는 것이 좋다.

R Script

② 두 변수의 값에 따른 사례수 출력

```
devi02_1.re <- table(test$grp.Peace, test$Gender)
devi02_1.re
```

스크립트 설명

② table 함수를 이용해서 대립가설에서 검증할 변수(~)를 순서대로 지정하고, 이 결과

를 devi02_1.re라는 객체에 저장한다.

• 객체의 이름을 입력하여 결과를 출력한다.

```
Console
> devi02_1.re <- table(test$grp.Peace, test$Gender)
> devi02_1.re

      1   2
  1 276 310
  2 241 422
  3 272 402
```

분석 결과

• 교차표의 결과를 출력하면 가로축은 성별(1 '남자', 2 '여자'), 세로축은 전반적인 평화(1 '평화가 낮은 편', 2 '평화가 보통', 3 '평화가 높은 편')가 출력된다.

• table 함수를 이용하여 교차표를 만들면 해당 변수의 변수값 설명이 출력되지 않고, 변수값만이 출력된다.

참고

※ 만일 변수값 대신 변수값 설명을 출력하고 싶다면 변수값을 변수값 설명으로 대체하면 된다.

• attach 함수를 이용하여 기존에 재부호화 한 변수인 grp.Peace 변수에서 1번을 "1_평화 낮음", 2번을 "2_평화 보통", 3번을 "3_평화 높음"으로 다시 재부호화 한다.

• 여기서 변수값 설명 앞에 숫자를 입력한 이유는 글자로만 재부호화 하게 되면 변수값의 순서가 한글의 가나다 순서로 변경되어 "평화 낮음", "평화 높음", "평화 보통"의 순서로 결과가 출력되기 때문이다.

• 출력되는 변수값 설명의 순서가 해석하는데 문제가 없다면 변수값 설명으로 재부호화 할 때 글자만 입력하여 대체하면 되지만, 교차표를 해석하는데 편의상 순서대로 변수값의 설명이 되어 있어야 하는 경우에는 이와 같이 숫자를 변수값 설명 앞에 위치시키는 것도 하나의 방법일 것이다.

- 교차표를 만들고자 하는 또 다른 변수인 성별 변수(Gender)도 같은 방법으로 재부호화 한다.
- 여기서도 원래의 변수를 재부호화 하는 것이 아니라 새 변수를 만들어서 재부호화 하는 것임에 유의하자.

R Script

변수값을 변수값 설명으로 대체

```
attach(test)
test$grp.Peace_1[grp.Peace==1] <- "1_평화 낮음"
test$grp.Peace_1[grp.Peace==2] <- "2_평화 보통"
test$grp.Peace_1[grp.Peace==3] <- "3_평화 높음"
test$Gender_1[Gender==1] <- "1_남자"
test$Gender_1[Gender==2] <- "2_여자"
detach(test)
```

R Script

변수값을 변수값 설명으로 대체한 변수로 교차표 출력

```
devi02.re<- table(test$grp.Peace_1, test$Gender_1)
devi02.re
```

③ 두 변수의 값에 따른 주변합계를 출력

```
margin.table(devi02.re)       # grp.Peace_1과 Gender_1 변수의 전체합계
margin.table(devi02.re, 1)    # grp.Peace_1 변수의 주변 합계
margin.table(devi02.re, 2)    # Gender_1 변수의 주변 합계
```

스크립트 설명

- 교차표의 해석상 편의를 위해 변수값을 변수값 설명으로 대체한 변수(grp.Peace_1과 Gender_1)를 table 함수에 적용하고, 그 결과를 devi02.re라는 객체에 저장하였다.

```
Console
> devi02.re<- table(test$grp.Peace_1, test$Gender_1)
> devi02.re
```

```
              1_남자 2_여자
  1_평화 낮음    276    310
  2_평화 보통    241    422
  3_평화 높음    272    402

> margin.table(devi02.re)      # grp.Peace_1과 Gender_1 변수의 전체합계
[1] 1923
> margin.table(devi02.re, 1)   # grp.Peace_1 변수의 주변 합계

1_평화 낮음 2_평화 보통 3_평화 높음
      586        663         674
> margin.table(devi02.re, 2)   # Gender_1 변수의 주변 합계

1_남자 2_여자
  789   1134
```

분석 결과

- 전반적인 평화를 중심으로 주변합계를 구한 결과에서 '평화 낮음'이라는 응답은 586명, '평화 보통'이라는 응답은 663명, 그리고 '평화 높음' 이라는 응답은 674명으로 나타났다.
- 성별을 중심으로 한 교차표의 주변합계는 '남자' 789명, '여자' 1134명으로 나타났다.

(2) 'gmodels' 패키지를 이용한 교차분석

분석 순서

① 'gmodels' 패키지를 이용하여 교차표를 작성하고, 값을 통해 가설을 검증한다.

R Script

① 'gmodels' 패키지를 이용한 교차표 만들기

```
install.packages("gmodels")
library(gmodels)
CrossTable(test$grp.Peace_1, test$Gender_1, digits=2,
           prop.c=TRUE, prop.r=FALSE, prop.t=FALSE, prop.chisq=FALSE,
           chisq=TRUE)
```

스크립트 설명

① 'gmodels' 패키지를 이용하여 교차표와 가설을 검증한다.

- 'gmodels' 패키지를 불러온다.
- 'gmodels' 패키지의 CrossTable 함수에 전반적인 평화와 성별 변수를 입력한다.
- 소수점 자리수는 2자리로 지정(digits = 2) 하고, 열의 비율과 값을 출력하도록 한다(prop.c=TRUE, chisq=TRUE).
- 행의 비율, 전체 사례수 대비 비율, 그리고 선체 값 대비 셀별 x값의 비율은 출력하지 않도록 지정하였다(prop.r = FALSE, prop.t=FALSE, prop.chisq = FALSE).

```
Console
   Cell Contents
|-------------------------|
|                       N |
|            N / Col Total |
|-------------------------|

Total Observations in Table:  1923

                 | test$Gender_1
test$grp.Peace_1 |    1_남자  |    2_여자  | Row Total |
-----------------|-----------|-----------|-----------|
     1_평화 낮음  |       276 |       310 |       586 |
                 |      0.35 |      0.27 |           |
-----------------|-----------|-----------|-----------|
     2_평화 보통  |       241 |       422 |       663 |
                 |      0.31 |      0.37 |           |
-----------------|-----------|-----------|-----------|
     3_평화 높음  |       272 |       402 |       674 |
                 |      0.34 |      0.35 |           |
-----------------|-----------|-----------|-----------|
    Column Total |       789 |      1134 |      1923 |
                 |      0.41 |      0.59 |           |
-----------------|-----------|-----------|-----------|
```

```
Statistics for All Table Factors


Pearson's Chi-squared test
------------------------------------------------------------
Chi^2 =  15.04906     d.f. =  2     p =  0.0005396821
```

분석 결과

- 교차표는 앞의 table 함수와 동일하게 나타났고, 값은 15.04906으로 유의도는 0.0005396821로 성별에 따라 전반적인 평화의 분포가 다르지 않다는 귀무가설은 기각되고, 성별에 따라 전반적인 평화의 분포가 다르다는 대립가설이 채택된다.

6 T 검정

1) 독립표본 T 검정의 분석 방법

독립표본 T 검정이란 독립적인 두 집단의 평균 차이를 검정하기 위한 분석이다.

독립표본 T 검증(Independent sample T-test)을 위해서 다음과 같이 가설을 설정하였다. 가설을 검증하는 과정을 따라서 독립표본 T 검증 방법을 살펴보기로 하겠다.

가설

대립가설

대한민국 성인 남녀 두 집단의 평균 행복지수는 같은가?

분석 순서

① 남녀에 대한 행복 변수를 만든다.

② 분산 동질성을 검증한다.

③ 대립가설을 검증한다.

④ 집단에 따른 기술통계량을 출력한다.

⑤ 집단에 따른 평균 비교를 위해 도표를 출력한다.

R Script

① 행복에 대한 변수를 만들기

앞 장에서 '새 변수 만들기'를 통해 해당 변수를 만들어 놓았다.

```
attach(test)
test <- transform(test, Happiness = (Q11 + Q12 + Q13 + Q14 + Q15) / 5)
detach(test)
```

스크립트 설명

- 행복에 대한 변수를 만든다.
- attach 함수를 이용하여 5개 행복 관련 변수들의 평균값을 새 변수()에 저장하고, detach 함수로 행복 변수 만들기를 종료한다.

R Script

② 분산 동질성 검증

```
var.test(Happiness ~ Gender, data=test)
```

명령어 설명

var.test	두 집단의 분산 동질성 검증을 위한 함수

스크립트 설명

② T 검증에 사용할 변수의 구성이 마무리되면, 본격적인 T 검증을 시행하기 전에 집단 간의 분산이 동일한지 여부에 대해서 검증해야 한다.

- 등분산 검증의 귀무가설은 '두 집단의 분산은 같다'이고, 대립가설은 '두 집단의 분산은 같지 않다'이다.
- 등분산 검증은 var.test 함수를 이용한다.
- var.test 함수에는 종속변수를 먼저 입력하고, 그 다음에 독립변수를 입력한다. 그리고 종속변수와 독립변수 사이에는 '~' 기호를 입력한다. 데이터를 별도로 지정하기 때문에 변수명만 입력하면 된다.
- var.test 함수에 사용하는 변수가 있는 데이터를 지정한다(data=test).

```
Console
> var.test(Happiness ~ Gender, data=test)

       F test to compare two variances

data:  Happiness by Gender
F = 1.0375, num df = 788, denom df = 1133, p-value = 0.5715
alternative hypothesis: true ratio of variances is not equal to 1
95 percent confidence interval:
 0.9129562 1.1808559
sample estimates:
ratio of variances
          1.03752
```

분석 결과

- 등분산 검증의 결과를 살펴보면, F 값은 1.0375이고, 남녀 두 집단의 자유도는 각각 788와 1133이다.
- 유의도는 0.5715로 귀무가설을 기각할 수 있는 기준인 0.05보다 크기 때문에 귀무가설이 채택된다.
- 따라서 두 집단의 분산이 같다는 가정으로 T 검증을 수행해야 한다.

R Script

③ 대립가설 검증

```
t.test(Happiness ~ Gender, var.equal=TRUE, data=test)
```

명령어 설명

t.test	T 검증을 위한 함수
var.equal	두 집단의 분산 동질성 여부에 대한 인자(분산 동질성 검증 결과 두 집단의 분산이 같다면 TRUE, 다르다면 FALSE)

스크립트 설명

③ t.test 함수를 이용하여 T 검증을 수행한다.

- T 검증은 var.test 함수에서와 같이 종속변수와 독립변수의 순서로 입력하고, 그 사이에 '~' 기호를 입력한다.
- 집단의 등분산 여부를 의미하는 var.equal 인자에는 앞서 등분산 검증의 결과에서 두 집단의 분산이 같다고 가정할 수 있으므로 TRUE를 입력하고(var.equal = TRUE), 종속변수와 독립변수가 포함된 데이터를 입력한다.

Console

```
> t.test(Happiness ~ Gender, var.equal=TRUE, data=test)

       Welch Two Sample t-test

data:  Happiness by Gender
t = -1.3507, df = 1921, p-value = 0.177
alternative hypothesis: true difference in means is not equal to 0
95 percent confidence interval:
 -0.11486408  0.02117372
sample estimates:
mean in group 1 mean in group 2
       3.519645        3.566490
```

분석 결과

- T 검증의 결과를 살펴보면, T 값은 −1.3507이고, 자유도는 1921로 유의도가 0.177로 나타났다.
- 독립변수인 성별 집단의 평균은 각각 3.519645과 3.566490으로 집단 간 평균은 약 0.05점의 차이가 있는 것으로 나타났다.
- 이들 집단 간의 차이는 유의도가 0.05보다 크기 때문에 성별에 따라 행복의 차이가 없다는 귀무가설을 채택한다. 따라서 집단 간의 평균 차이가 통계적으로 유의하다고 볼 수 없다.

R Script

④ 집단에 따른 기술통계량

```
library(psych)
describeBy(test$Happiness, test$Gender)
```

명령어 설명

describeBy 'psych' 패키지에서 집단에 따른 기술통계량 산출을 위한 함수

스크립트 설명

④ 위의 결과를 통해 1차적으로 T 검증에 대한 유의도 분석은 끝났다. 다음으로 남녀 집단의 특성을 구체적으로 살펴보기 위해서 독립변수인 성별 변수의 속성에 따른 다양한 기술통계량을 살펴보도록 한다.

- 'psych' 패키지의 describeBy 함수를 사용해 집단에 따른 기술통계량을 출력하기 위해 함수 다음에 종속변수와 독립변수의 순서로 입력하여 결과를 출력한다.

```
Console
> describeBy(test$Happiness, test$Gender)

 Descriptive statistics by group
group: 1
   vars   n  mean   sd  median trimmed  mad min max range  skew kurtosis   se
X1    1 789  3.52 0.76     3.6    3.54 0.59 1.4   5   3.6 -0.35    -0.18 0.03
------------------------------------------------------------------------------
group: 2
   vars   n  mean   sd  median trimmed  mad min max range  skew kurtosis   se
X1    1 1134 3.57 0.74     3.6    3.59 0.59 1.4   5   3.6 -0.39    -0.22 0.02
```

분석 결과

- 사례수, 평균, 표준편차 등 다양한 기술통계량이 출력된다.
- T 검증의 결과와 함께 기술통계에서 출력되는 다양한 통계량으로 최종적으로 제시할 표를 작성하면 된다.

2) 짝지어진 T 검증의 분석 방법

짝지어진 T 검정이란 같은 집단의 대응되는 두 변수의 평균을 비교하기 위한 분석이다. 짝지어진 T 검증을 위해서 다음과 같이 가설을 설정하였다.

가설

대립가설

대한민국 성인의 평균 행복과 평균 평화는 동일한가?

대립가설을 검증하기 위한 분석은 다음과 같은 단계로 진행된다.

분석 순서

① 성인의 평균 평화와 평균 행복 간에 유의미한 차이가 있는지 검증하기 위함이다.
② 평화와 행복 변수를 만든다.
③ 가설을 검증한다.
④ 기술통계량을 출력한다.

짝지어진 T 검증은 시간을 두고 반복 측정된 변수를 비교하거나, 동일한 사례의 다른 속성들을 비교하기 위한 분석 방법이다.

R Script

① 변수 만들기

앞 장에서 '새 변수 만들기'를 통해 해당 변수를 만들어 놓았다.

```
attach(test)
test <- transform(test, Happiness = (Q11 + Q12 + Q13 + Q14 + Q15) / 5)
test$Peace <- (Q16 + Q17 + Q18 + Q19 + Q20) / 5
detach(test)
```

스크립트 설명

① 대립가설을 검증하기 위해 우선 검증하고자 하는 변수를 만든다. 가설이 평균 행복과 평균 평화를 비교하는 것이므로, 행복과 평화 변수를 만든다.

R Script

② Paired T-test

```
attach(test)
t.test(Happiness, Peace, paired = TRUE)
detach(test)
```

명령어 설명

paired	짝지어진 T 검증 여부

스크립트 설명

② 행복과 평화 변수 간의 차이를 검증하기 위해 t.test 함수를 이용하여 가설을 검증한다.

- t.test 함수에는 짝지어진 T 검증을 위한 두 변수를 지정한다.
- paired 인자를 이용하여 짝지어진 T 검증 여부를 지정한다(paired = TRUE).

```
Console
> t.test(Happiness, Peace, paired = TRUE)

        Paired t-test

data:  Happiness and Peace
t = -1.1225, df = 1922, p-value = 0.2618
alternative hypothesis: true difference in means is not equal to 0
95 percent confidence interval:
 -0.04628669  0.01258934
sample estimates:
mean of the differences
            -0.01684867
```

분석 결과

- 출력된 결과를 살펴보면, T 값이 −1.1225로 나타났다. 그리고 자유도가 1922이며, 이때 유의도는 0.05 이상인 것으로 나타나고 있다.
- 따라서 행복과 평화 간의 평균에 차이가 없다는 귀무가설을 채택한다.
- 행복과 평화 간 평균 차이(mean of the differences)는 −0.01684867로 행복에 비해 평화의 평균이 더 높은 것으로 나타났다.

3) 일표본 T 검증의 분석 방법

일표본 T 검정이란 집단의 평균값과 특정한 값을 비교하기 위한 분석이다.
일표본 T 검증을 위한 가설은 다음과 같이 설정하였다.

> **가설**
>
> **대립가설**
>
> 대한민국 성인의 평균 행복지수는 얼마인가?

가설을 검증하기 위한 분석 방법은 다음과 같다.

분석 순서

① 행복 변수를 만든다.

② 일표본 T 검증을 통해 기존 연구의 결과와 현재의 데이터의 평균을 비교한다.

R Script

① 행복변수 만들기

```
attach(test)
test <- transform(test, Happiness = (Q11 + Q12 + Q13 + Q14 + Q15) / 5)
detach(test)
```

② 일표본 T 검증

```
t.test(test$Happiness, mu=3.5)
```

명령어 설명

mu	비교 집단의 평균

스크립트 설명

① 행복 변수를 만든다.

- attach 함수를 이용하여 5개의 행복 관련 변수들의 평균값을 새 변수(Happiness)에 저장하고, detach 함수로 행복 변수 만들기를 종료한다.

② 일표본 T 검증은 같은 측정문항으로 측정된 기존의 연구결과에 제시된 평균과 분석하고자 하는 데이터의 평균 간의 차이를 검증하기 위한 방법이다. 검증 과정은 데이터 내의 변수에 대한 평균과 표준오차를 계산하고, 이 결과를 기존 연구결과의 평균과 비교하게 된다.

- t.test 함수에서 일표본 T 검증 방법은 평균과 표준오차를 계산하기 위한 데이터 내의

변수를 지정하고, mu 인자에는 비교하고자 하는 평균을 입력한다.

- 일표본 T 검증을 위한 가설은 행복 변수의 평균 차이이므로, t.test 함수에 앞서 만들어 놓은 변수를 지정한다(test$Happiness).
- 비교하고자 하는 연구의 평균을 mu 인자에 입력한다(mu=3.5).

```
Console
> t.test(test$Happiness, mu=3.5)

       One Sample t-test

data:  test$Happiness
t = 2.7702, df = 1922, p-value = 0.005655
alternative hypothesis: true mean is not equal to 3.5
95 percent confidence interval:
 3.513805 3.580735
sample estimates:
mean of x
  3.54727
```

분석 결과

- 일표본 T 검증의 결과를 살펴보면, T 값은 2.7702이고, 자유도가 1922인 경우의 유의도는 0.05 미만인 것으로 나타났다.
- 연구 데이터의 행복 평균(mean of x)은 3.54727로 비교하고자 하는 평균인 3.5보다 높게 나타나고 있었다.
- 연구 데이터에서의 행복 평균이 기존 연구의 평균과 차이가 없을 것이라는 귀무가설은 기각되었다.

7 분산분석

집단 변수의 수준에 따라서 종속변수의 평균이 같은지 다른지를 검증하기 위한 경우이다. 집단 변수의 수준이 성별처럼 두 가지인 경우에는 집단 변수의 수준에 따른 종속변수의 평균을 비교하기 위해서는 이표본-t검정을 사용하며, 교육정도와 같이 집단 변수의 수준이 두 가지 이상인 경우에는 일원 분산분석을 사용한다. 교육정도를 집단 변수로 지정하기 위해서는 factor() 함수를 사용한다.

1) 일원 분산분석의 분석 방법

일원 분산분석이란 한 요인(독립변수) 안에서 서로 다른 세 개 이상의 집단들에 대한 평균을 비교하기 위한 분석이다.

일원 분산분석을 설명하기 위해서 다음과 같이 대립가설을 설정한다.

> **가설**
>
> **대립가설**
>
> 교육정도에 따라 행복은 달라지는가?

대립가설에 대한 분석은 다음 단계로 이루어진다.

분석 순서

① 첫 번째 해야 할 작업은 독립변수를 재부호화 하는 일이다.

② 두 번째 단계는 재부호화 한 교육정도 변수의 분포를 구해보는 것이다. 분산분석을 위해서 독립변수는 비연속 변수이어야 하기 때문에 집단을 구분하기 위해서 먼저 분포의 모습을 살피기 위함이다.

③ 다음으로 종속변수인 행복 변수를 구성한다.

④ 대립가설을 검증한다.

⑤ 집단에 따른 기술통계량을 출력한다. 이는 집단 간 분포의 차이를 구체적으로 알아보기 위함이다.

⑥ 집단의 차이를 분명하게 보여주기 위해서 집단에 따른 평균 비교를 위한 도표를 출력한다.

⑦ 교육정도 변수의 4집단 중에서 어느 집단 간에 유의미한 차이를 보이는지 알아보기 위해서 사후검증을 수행한다.

R Script

① 교육정도 변수 만들기

반대로 측정된 변수의 값을 재부호화

앞 장에서 '재부호화'를 통해 해당 변수를 만들어 놓았다.

```
attach(test)
test$EDU[EDU1==4] <-1
test$EDU[EDU1==3] <-2
test$EDU[EDU1==2] <-3
test$EDU[EDU1==1] <-4
detach(test)
```

스크립트 설명

① 가설을 검증하기 위해 독립변수인 교육정도 변수를 만들고, 반대로 측정된 변수의 값을 재부호화 하였다.

R Script

② 교육정도 변수의 분포 살펴보기

```
cbind(Freq=table(test$EDU),
      Cum.prop=cumsum(prop.table(table(test$EDU))))
```

명령어 설명

cbind 몇몇 열들을 묶어주는 함수

스크립트 설명

② 교육정도 변수의 분포를 cbind 함수를 이용하여 살펴보도록 한다.

- cbind 함수에는 table 함수를 사용하여 교육정도 변수의 빈도분포를 출력하게 하였으며, 이와 함께 교육정도 변수의 누적비율을 출력하도록 하였다.

```
Console
> cbind(Freq=table(test$EDU),
+       Cum.prop=cumsum(prop.table(table(test$EDU))))
  Freq  Cum.prop
1  231 0.1201248
2  472 0.3655746
3 1022 0.8970359
4  198 1.0000000
```

분석 결과

- 교육정도의 분포를 살펴보면 교육의 정도에 따라 "1=중졸 이하", "2=고졸 또는 중퇴", "3=대졸 또는 중퇴", "4=대학원 졸업 또는 중퇴"로 4개의 집단으로 구성되어 있다.
- 누적 비율을 살펴보면, "1=중졸 이하"는 12.01%이고 "2=고졸 또는 중퇴"는 24.55%, 3=대졸 또는 중퇴"는 53.14%, "4=대학원 졸업 또는 중퇴"는 10.3%이다.

```
R Script
독립변수를 문자형 변수로 변환
test$EDU_f <- factor(test$EDU, levels=c(1,2,3,4),
   labels = c("중졸 이하","고졸 또는 중퇴","대졸 또는 중퇴","대학원 졸업 또는 중퇴"))
```

스크립트 설명

- 분산분석을 위해서는 독립변수를 factor 함수로 변환해야 한다. 분산분석에서 독립변수의 값은 명목척도와 같이 각 집단을 구분하기 위한 기호로 볼 수 있다.
- factor 함수에 factor로 변환할 변수(test$EDU)를 지정하고 숫자로 표현된 교육정도 변수에서 1번을 "중졸 이하", 2번을 "고졸 또는 중퇴", 3번을 "대졸 또는 중퇴", 4번을 "대학원 졸업 또는 중퇴"로 지정한다. 그리고 factor로 변환된 변수는 EDU_f라는 객체에 저장한다.
- 여기서 요인(factor)은 성별이나 지역과 같이 범주의 형식으로 변수를 저장하는 방식이다.

참고

요인(factor)

R에서 요인이란 독특한 데이터구조 중의 하나에 해당한다. 즉 특정 유형의 데이터 구조를 가지는 변수에 대해서 factor라는 명칭을 사용한다. 요인이란 어떤 상태를 나타내는 범주형 자료(categorical data)를 지칭하는 것으로서 명목 또는 순서변수에 해당한다. 이러한 유형의 변수는 R에서 특수하게 저장되고 사용된다.

- 범주형 자료를 만들기 위해서 factor라는 함수를 사용한다. 예를 들어 예제 데이터에서 성별을 의미하는 변수 Gender의 1은 남자이고, 2는 여자이다. 이 변수를 요인으로 변환시키는 명령어는 다음과 같다.

```
test$Gender_f <- factor(test$Gender, labels = c("남", "여"))
```

위 명령어는 숫자 변수의 성격을 가지는 test라는 데이터 프레임 안에 있는 Gender 변수를 범주형 변수로 변환시키는데 첫 번째 레벨(1)을 "남"으로, 두 번째 레벨(2)을 "여"로 변환시키라는 의미이다. 이런 의미를 좀 더 확장시켜 본다면 factor 함수를 변수값 설명(value label)을 붙이는 방법으로도 사용할 수 있다.

- 범주형 자료는 다음의 특성을 가진다.

```
length(test$Gender_f)
mode(test$Gender_f)
levels(test$Gender_f)
str(test$Gender_f)
```

length 함수는 변수의 사례수를 보여준다. 예제 데이터에서는 1923라는 값이 나온다.
mode 함수는 변수의 자료형을 보여준다. factor는 "numeric"의 값을 갖는다.
levels 함수는 범주형 자료의 수준을 보여준다. 예제 데이터에서는 "남", "여"라는 결과를 보여준다.
str 함수는 변수의 구조를 보여주는데, 이 변수가 factor임이 나타난다.

R Script

③ 종속변수 만들기

앞 장에서 '새 변수 만들기'를 통해 해당 변수를 만들어 놓았다.

```
attach(test)
test <- transform(test, Happiness = (Q11 + Q12 + Q13 + Q14 + Q15) / 5)
detach(test)
```

스크립트 설명

③ 종속변수의 행복 변수를 만드는 방법은 이미 앞에서 소개하였다.

- 종속변수인 행복 변수는 Q11부터 Q15까지의 항목을 통해 구성한다.

R Script

④ 대립가설 검증

```
ano1 <- aov( Happiness ~ EDU_f, data=test )
anova(ano1)
```

명령어 설명

aov	분산분석의 모형을 만들기 위한 함수
anova	분산분석에서 가정한 모형의 결과를 출력해주는 함수

스크립트 설명

④ 분산분석은 aov 함수를 통해 수행할 수 있다. aov 함수에는 종속변수와 요인(factor)으로 변환한 독립변수를 차례로 입력하고, 그 사이에 '~'를 입력한다.

- 만약 독립변수가 요인(factor)이 아니면 변수값을 숫자로 인식하게 되므로 회귀분석과 같이 독립변수가 한 단위 증가함에 따라 종속변수의 변화량을 검증하는 방식으로 분석하게 되어 통계량과 유의도의 결과가 다르게 출력되기 때문에 반드시 주의해서 분석해야 한다.
- aov 함수를 이용하여 종속변수, 독립변수, 그리고 데이터를 지정하고 분산분석 결과를 ano1이라는 객체에 저장한다.

• anova 함수를 이용하여 분산분석의 결과를 출력한다.

> **참고**
> 만약 독립변수를 요인으로 변환시키지 않았다면 분산분석을 위한 aov 함수에서 독립변수를 입력할 때 as.factor 함수를 이용하여 분석할 수도 있다. as.factor 함수는 원래의 변수가 숫자 변수라 하더라도 as.factor 함수를 사용한 명령문에 대해서만 일시적으로 해당 변수를 요인(factor)으로 인식하게 한다. 따라서 독립변수를 입력하는 위치에 'as.factor(독립변수)'를 입력하면 분산분석을 할 때에 독립변수를 요인으로 인식하여 결과를 출력하게 된다.

```
Console
> ano1 <- aov( Happiness ~ EDU_f, data=test )
> anova(ano1)
Analysis of Variance Table

Response: Happiness
              Df    Sum Sq      Mean Sq    F value    Pr(>F)
EDU_f          3      4.86      1.61991     2.9018    0.03374 *
Residuals   1919   1071.27      0.55825
---
Signif. codes:  0 '***' 0.001 '**' 0.01 '*' 0.05 '.' 0.1 ' ' 1
```

분석 결과

• 가설에 대한 분산분석 결과를 살펴보면 F 값은 2.9018로 유의도는 0.03374로 나타났다.

• 집단 간 제곱합은 4.86이고, 자유도는 3이므로 집단 간 평균 제곱합은 1.61991이다.

• 집단 내 제곱합은 1071.27이고, 자유도는 1919이므로 집단 내 평균 제곱합은 0.55825이다. F 값은 집단 간 평균 제곱합을 집단 내 평균 제곱합으로 나눈 2.9018가 되어, 집단 간 제곱합의 자유도와 집단 내 제곱합의 자유도를 감안한 유의도는 0.03374이므로 귀무가설의 채택 혹은 기각을 판단할 수 있는 기준인 0.05보다 낮게 나타나므로 교육정도에 따른 집단 간의 행복 차이가 없다는 귀무가설은 기각하고, 대립가설을 채택한다.

R Script

⑤ 집단별 평균값 구하기

'psych' 패키지를 이용한 집단별 평균값 구하기

```
library(psych)
describeBy(test$Happiness, test$EDU)
```

스크립트 설명

⑤ 분산분석의 결과를 좀 더 구체적으로 파악하기 위해 집단별 평균값을 출력할 수 있는 방법을 살펴본다

- 'psych'패키지의 describeBy 함수를 이용하여 집단별 기술통계량을 출력할 수 있다.
- describeBy 함수에 종속변수와 독립변수를 차례대로 지정하면 집단에 따른 사례수, 평균, 표준편차 등의 기술통계량이 출력된다.

```
Console
> library(psych)
> describeBy(test$Happiness, test$EDU)

 Descriptive statistics by group
group: 1
   vars  n   mean  sd   median trimmed  mad min max range  skew kurtosis   se
X1   1  231  3.59 0.7    3.6     3.63   0.59 1.6  5   3.4  -0.63   0.51  0.05
------------------------------------------------------------------
group: 2
   vars  n   mean  sd   median trimmed  mad min max range  skew kurtosis   se
X1   1  472  3.48 0.72   3.6     3.49   0.59 1.4  5   3.6 -0.24   -0.08  0.03
------------------------------------------------------------------
group: 3
   vars  n   mean  sd   median trimmed  mad min max range  skew kurtosis   se
X1   1  1022 3.55 0.77   3.6     3.58   0.59 1.4  5   3.6 -0.36   -0.32  0.02
------------------------------------------------------------------
group: 4
   vars  n   mean  sd   median trimmed  mad min max range  skew kurtosis   se
X1   1  198 3.65 0.77    3.8     3.68   0.59 1.6  5   3.4 -0.49   -0.34   0.06
```

분석 결과

- group: 1은 "중졸 이하" 집단에 대한 기술통계량이다. 사례수는 231명, 행복의 평균은 3.59점이고, 표준편차는 0.7인 것으로 나타났다.
- group: 2는 "고졸 또는 중퇴" 집단에 대한 기술통계량으로 사례수는 472명, 행복의 평균은 3.48점, 표준편차는 0.72로 나타났다.
- group: 3은 "대졸 또는 중퇴" 집단으로 사례수는 1022명, 행복의 평균은 3.55점, 그리고 표준편차는 0.77로 나타났다.
- group: 4는 "대학원 졸업 또는 중퇴" 집단으로 사례수는 198명, 행복의 평균은 3.65점, 그리고 표준편차는 0.77로 나타났다.

다음으로 사후검증 방법에 대해서 소개한다. 사후검증에는 여러 가지 방법이 있지만 여기에서는 대표적인 Tuckey 검증을 소개한다.

R Script

Tuckey 사후검증

```
install.packages("multcomp")
library(multcomp)
tuckey_ano1 <- glht(ano1, linf=mcp(EDU_f="Tukey"))
summary(tuckey_ano1)
```

스크립트 설명

- glht 함수로 Tukey 사후검증을 분석할 수 있다. glht 함수에 대립가설에 따라 분산분석을 시행한 결과를 저장했던 객체(ano1)를 지정하고, linf 인자에 mcp 함수를 사용해서 독립변수("EDU_f")와 사후검증 방법("Tukey")을 지정한다.
- summary 함수를 이용하여 해당 결과값을 출력한다.

```
Console
> tuckey_ano1 <- glht(ano1, linf=mcp(EDU_f="Tukey"))
> summary(tuckey_ano1)

        Simultaneous Tests for General Linear Hypotheses
```

```
Multiple Comparisons of Means: Tukey Contrasts

Fit: aov(formula = Happiness ~ EDU_f, data = test)

Linear Hypotheses:
                                          Estimate Std.  Error   t value  Pr(>|t|)
고졸 또는 중퇴 - 중졸 이하 == 0                 -0.11117   0.05999  -1.853   0.2406
대졸 또는 중퇴 - 중졸 이하 == 0                 -0.03555   0.05443  -0.653   0.9113
대학원 졸업 또는 중퇴 - 중졸 이하 == 0            0.06248   0.07236   0.863   0.8177
대졸 또는 중퇴 - 고졸 또는 중퇴 == 0             0.07562   0.04158   1.819   0.2560
대학원 졸업 또는 중퇴 - 고졸 또는 중퇴 == 0       0.17365   0.06326   2.745   0.0298 *
대학원 졸업 또는 중퇴 - 대졸 또는 중퇴 == 0       0.09803   0.05801   1.690   0.3197
---
Signif. codes:  0 '***' 0.001 '**' 0.01 '*' 0.05 '.' 0.1 ' ' 1
(Adjusted p values reported -- single-step method)
```

분석 결과

- 유의확률을 살펴보면 "대학원 졸업 또는 중퇴"(EDUC=4)인 집단과 "고졸 또는 중퇴"(EDUC=2)인 집단과의 평균 행복 차이만이 통계적으로 유의한 것을 알 수 있다.
- 일원분산분석에서 요인에 따른 종속변수의 평균이 동일하다는 귀무가설이 기각될 경우, 집단 간의 종속변수의 평균이 어느 집단 간에 차이가 나는지를 살펴보기 위한 분석을 시행할 필요가 있으며, 이를 '사후분석'이라고 부른다.

2) 이원 분산분석의 분석 방법

이원 분산분석은 독립변수가 비연속 변수로서 2개 이상이며, 종속변수는 연속변수일 때 사용하는 분석 방법이다. 이원 분산분석 이상에서는 상호작용 효과가 중요한 의미를 지니기 때문에 이에 대한 이해가 필요하다.

이원 분산분석을 설명하기 위해서 다음과 같이 가설을 설정한다.

가설

대립가설

1-1) 성별에 따라서 평화는 어떻게 다른가?

1-2) 교육정도에 따라서 평화는 어떻게 다른가?

대립가설을 검증하기 위해서 다음의 분석 단계를 따른다.

분석 순서

① 독립변수인 교육정도 변수와 성별 변수는 이미 만들어진 상태이고, 앞에서 이미 요인으로 변환하였다.

② 종속변수를 만든다. 종속변수인 평화 변수는 이미 만들어진 변수가 있기에 그대로 사용한다.

③ 가설을 검증한다. 즉 주효과와 상호작용 효과를 검증한다.

④ 집단에 따른 평균값과 기술통계량을 출력한다.

⑤ 변환된 변수를 중심으로 집단에 따른 기술통계량을 다시 출력한다.

⑥ 집단에 따른 평균 비교를 위한 도표를 출력한다.

R Script

① 성별 변수를 요인(factor)으로 변환하기

```
# test$Gender_f <- factor(test$Gender, levels=c(1,2), labels = c("남자","여자"))
```

스크립트 설명

① 대립가설에서 독립변수는 교육정도 변수와 성별 변수이다. 이 두 독립변수는 이미 만들었고, 이전 가설검증을 위해 요인으로 변환하였다.

- factor 함수에 factor로 변환할 변수(test$Gender)를 지정하고, 숫자로 표현된 성별 변수 Gender_f라는 객체에 저장한다.

② 대립가설에서 종속변수는 평화 변수이다. 이미 만든 변수가 있기에 그대로 사용한다.

R Script

② 독립변수의 주효과와 상호작용 효과 1

```
tw.ano1a <- aov(Peace ~ Gender_f + EDU_f + Gender_f:EDU_f, data=test)
anova(tw.ano1a)
```

독립변수의 주효과와 상호작용 효과 2

```
tw.aon1b <- aov(Peace ~ Gender_f + EDU_f + Gender_f*EDU_f, data=test)
anova(tw.aon1b)
```

스크립트 설명

② 대립가설은 이원 분산분석을 사용해서 검증해야 하는 것으로, 독립변수인 교육정도와 성별에 따른 종속변수인 평화의 차이를 검증하는 것이다. 즉 독립변수인 교육정도와 성별 변수가 각각 종속변수를 설명하는 정도를 나타내는 주효과와 두 독립변수가 함께 종속변수를 설명하는 상호작용 효과를 살펴보는 것이다.

- 이원 분산분석에서도 일원 분산분석과 같이 aov 함수를 이용하여 이원 분산분석을 위한 모형을 설정한다.
- aov 함수에는 종속변수와 독립변수를 차례대로 입력한다. 분산분석과 다음에 나올 회귀분석 모형에서는 종속변수와 독립변수를 '~'로 연결한다.
- 이원 분산분석에서 독립변수를 입력하는 방식은 두 가지 방법이 있다. 두 가지 방법 중에서 하나를 선택해서 입력하면 된다.
- 첫 번째는 독립변수의 주효과를 살펴보기 위해 각각의 독립변수를 나열하고, 그 사이에 '+' 표시를 입력한다. 그 다음으로 상호작용 효과를 살펴볼 독립변수를 표시하기 위해서는 해당 독립변수를 나열하고, 그 사이에 ':' 표시를 하면 된다. 그리고 상호작용 효과도 또 하나의 독립변수이므로 독립변수들과 상호작용 효과를 입력한 명령어 사이에 '+'를 표시하면 된다.
- 두 번째 독립변수와 상호작용 효과를 입력하는 방법은 독립변수를 나열하고, 독립변수들 사이에 '*' 표시를 하면, 각 독립변수의 주효과와 상호작용 효과를 모두 분석하는 모형으로 지정된다. 이러한 방법으로 독립변수와 종속변수가 있는 데이터를 입력하면 이원 분산분석을 위한 모형 설정이 끝나게 된다.
- 이원 분산분석을 위한 모형 설정에서 독립변수의 주효과와 상호작용 효과를 위한 모형을 입력 방법에 따라 tw.ano1a와 tw.ano1b라는 객체로 저장하였다.
- 그리고 anova 함수를 이용하여 이들 모형에 대한 분석 결과를 출력할 수 있다.

```
Console
> anova(tw.ano1a)
Analysis of Variance Table

Response: Peace
                 Df  Sum Sq  Mean Sq  F value    Pr(>F)
Gender_f          1   2.86    2.8617   6.7246  0.009581 **
```

```
EDU_f              3  11.54    3.8481    9.0424   6.049e-06 ***
Gender_f:EDU_f     3   1.26    0.4195    0.9857   0.398536
Residuals          1915 814.94   0.4256
---
Signif. codes:  0 '***' 0.001 '**' 0.01 '*' 0.05 '.' 0.1 ' ' 1
```

분석 결과

- 독립변수의 주효과와 상호작용 효과를 모두 인정한 모형의 분석 결과에서는 성별 변수와 교육정도 변수의 주효과의 F 값은 각각 6.7246과 9.0424였고, 이 두 변수는 모두 집단에 따라 평화적인 성향이 통계적으로 유의한 차이가 있는 것으로 나타났다.
- 성별 집단에 따라 평화적인 성향의 차이가 없을 것이라는 귀무가설은 기각되었다.
- 교육정도의 집단에 따라 평화적인 성향의 차이가 없을 것이라는 귀무가설은 기각되었다.
- 성별과 교육정도 변수의 상호작용 효과는 F 값이 0.9857로 유의도가 0.05보다 높은 수준으로 나타났다. 이에 따라 성별과 학교 성적 변수의 상호작용은 평화적인 성향에 유의한 영향을 미치지 않는 것으로 나타났다.

R Script

독립변수의 주효과 만을 출력함

```
tw.ano1c <- aov(Peace ~ Gender_f + EDU_f, data=test)
anova(tw.ano1c)
```

스크립트 설명

- 독립변수들 간의 상호작용 효과를 인정하지 않고 주효과만을 살펴보기 위해서는 독립변수들을 입력하고, 입력한 독립변수들 사이에 '+' 표시만을 한다.

```
Console
> anova(tw.ano1c)
Analysis of Variance Table

Response: Peace
             Df  Sum Sq Mean Sq   F value    Pr(>F)
```

```
Gender_f      1    2.86     2.8617     6.7248    0.00958 **
EDU_f         3   11.54     3.8481     9.0426    6.046e-06 ***
Residuals   1918  816.20    0.4255
---
Signif. codes:  0 '***' 0.001 '**' 0.01 '*' 0.05 '.' 0.1 ' ' 1
```

분석 결과

- 독립변수의 주효과만을 인정한 이원 분산분석 모형의 결과를 살펴보면, 성별 변수와 교육정도 변수의 주효과는 F 값이 각각 6.7248과 9.0426로 나타났고, 유의도는 모두 0.05보다 낮은 수준으로 나타났다. 이에 따라 성별과 교육정도 집단에 따라 평화 평균은 통계적으로 유의한 차이가 있는 것으로 나타났다.
- 성별 집단에 따라 평화 평균 차이가 없을 것이라는 귀무가설은 기각되었다.
- 교육정도 집단에 따라 평화 평균 차이가 없을 것이라는 귀무가설은 기각되었다.
- 앞서 살펴보았던 독립변수의 주효과와 상호작용 효과를 모두 인정한 모형과 결과를 비교해보면, 독립변수의 집단 간 제곱합과 집단 내 제곱합이 다르게 나타났다. 이는 상호작용 효과가 제외됨에 따라 독립변수의 집단 간 제곱합과 집단 내 제곱합에 영향을 미치기 때문이다.

예제 데이터에서는 상호작용 효과가 발생하지 않았지만 상호작용 효과가 나타날 경우 변수들의 분포 현황을 살펴 보아야 한다. 이를 위해 describeBy 함수를 통해 확인할 수 있다.

8 상관분석

상관분석이란 서로 관련된다고 예측되는 두 연속형 변수(구간척도, 비율척도)들 간에 얼마나 연관성이 있는지 알아보는 분석이다.

1) 단순상관분석의 분석 방법

먼저 두 변수 간의 단순상관관계를 검증하기 위해서 다음과 같이 가설을 설정한다.

대립가설에서 건강한 몸의 느낌, 건강한 자기 관리, 평화와 행복 간의 관계를 살펴보기 위한 가설이 설정되었다.

> **가설**
>
> **대립가설**
>
> 1-1) 건강한 몸의 느낌과 행복 간에는 관계가 있을 것이다.
>
> 1-2) 건강한 자기관리과 행복 간에는 관계가 있을 것이다.
>
> 1-3) 평화와 행복 간에는 관계가 있을 것이다.

여기에서는 두 변수 간의 단순상관관계를 분석하는 방법을 2가지로 소개한다. 첫 번째는 기본 패키지에 있는 cor 함수를 사용해서 분석하는 방법을 제시하고, 두 번째는 'psych' 패키지를 사용해서 분석하는 방법.

(1) cor 함수를 이용한 상관분석

분석 순서

① 상관분석을 수행할 독립변수와 종속변수를 만든다.

② cor 함수를 이용해서 상관분석을 수행한다.

③ 두 변수 간의 상관계수와 유의도 출력한다.

R Script

① 변수 만들기

앞 장에서 '새 변수 만들기'를 통해 해당 변수를 만들어 놓았다.

'건강한 몸의 느낌' 변수

```
test$BF <- (test$Q1 + test$Q2 + test$Q3 + test$Q4 + test$Q5) / 5
```

'건강한 자기관리' 변수

```
attach(test)
test$BM <- (Q6 + Q7 + Q8 + Q9 + Q10) / 5
detach(test)
```

'행복' 변수

```
attach(test)
test <- transform(test, Happiness = (Q11 + Q12 + Q13 + Q14 + Q15) / 5)
detach(test)
```

'평화' 변수

```
attach(test)
test$Peace <- (Q16 + Q17 + Q18 + Q19 + Q20) / 5
detach(test)
```

스크립트 설명

① 가설을 검증하기 위해 우선 가설에 사용된 변수를 만들어야 한다. 가설에서 언급된 '건강한 몸의 느낌', '건강한 자기관리', '행복', '평화' 변수는 앞에서 이미 만들었기에 그대로 사용한다.

R Script

② cor 함수를 이용한 상관분석

```
cor(test[c("BM","BF","Happiness","Peace")], use="pairwise.complete.obs")
```

명령어 설명

cor	상관분석을 위한 함수
use	데이터의 결측값 처리를 위한 인자 (all.obs: 데이터에 결측값이 없음, complete.obs:listwise와 같이 분석대상인 변수에서 결측값이 있는 사례는 모두 제외하여 분석, pairwise.complete.obs: 상관분석의 두 변수 중에서 결측값이 있는 사례만 제외하여 분석)

스크립트 설명

② 상관관계를 분석하기 위한 방법으로 cor 함수를 사용한다.

- cor 함수에 분석하고자 하는 데이터와 변수를 지정하고, 데이터 내의 결측값 처리에 대한 인자를 지정한다.
- 상관분석의 대상 변수는 우선 데이터를 지정하고, [ ] 기호 안에 문자형 벡터로 분석대상 변수 이름을 입력한다. 물론 변수의 위치를 숫자로 기록해도 된다. 변수의 위치를 숫자로 지정할 경우에는 names(test)를 사용해서 변수명과 변수의 위치를 알 수 있다. 이 입력하면 동일한 결과를 얻을 수 있다.
- use 인자는 데이터의 결측값 처리 방법을 지정하기 위한 인자이다. 상관분석의 두 변

수의 쌍 중에서 하나라도 결측값이 있는 경우에만 해당 사례를 제외하기 위해 인자를 pairwise.complete.obs로 지정한다.

```
Console
> cor(test[c("BM","BF","Happiness","Peace")], use="pairwise.complete.obs")
                 BM        BF   Happiness     Peace
BM        1.0000000 0.6397217 0.5169426 0.3568126
BF        0.6397217 1.0000000 0.5297565 0.3624883
Happiness 0.5169426 0.5297565 1.0000000 0.5679963
Peace     0.3568126 0.3624883 0.5679963 1.0000000
```

분석 결과

- 상관분석의 결과는 행렬(matrix)의 형태로 출력된다. 건강한 몸의 느낌(BM)과 행복(Happiness) 간의 상관계수는 0.5169426로 나타났다. 이 두 변수들은 정적(positive) 관계로 건강한 몸의 느낌이 증가할 때 행복은 증가하는 관계가 있다는 의미이다.
- 변수들 중에서 가장 강한 상관관계가 있는 변수는 상관계수의 절대값이 가장 큰 평화(Peace)와 행복(Happiness)으로 상관계수가 0.5679963로 나타났다.

앞의 명령어에서는 cor 함수에 분석하려는 데이터명과 변수명을 모두 기록하였는데, 이 변수명들을 자주 분석에 사용한다면 해당 변수만으로 구성한 객체를 만들면 나중에 편리하게 사용할 수 있다. 또한 앞의 [분석 결과]에서 소수점 자리수가 너무 길게 나와서 보기에 불편함에 있기 때문에 소수점 자리수를 다음과 같이 조정할 수 있다.

R Script

분석하려는 변수만을 객체로 만들어 분석하는 방법

```
cor.var <- test[c("BM", "BF", "Happiness", "Peace")]
cor(cor.var, use = "pairwise.complete.obs")
```

상관계수의 소수점 자리수 조정

```
round(cor(test[c("BM","BF","Happiness","Peace")],
                        use="pairwise.complete.obs"), 2)
```

스크립트 설명

- cor 함수를 이용하는 또 다른 방법으로는 분석하고자 하는 변수만을 지정하여 따로 객체로 만들어 cor 함수에 지정하는 방법이다.
- 출력된 상관계수의 소수점 자리를 조정하기 위해 round 함수를 이용할 수도 있다. round 함수에 cor 함수를 사용한 분석 스크립트를 입력하고, 소수점 둘째 자리까지 출력하기 위해서 2를 인자로 입력하였다.

R Script

③ 두 변수 간의 상관계수와 유의도 출력

```
cor.test(test$BM, test$Happiness)
```

명령어 설명

cor.test	두 변수 간의 상관계수와 유의도를 출력하기 위한 함수

스크립트 설명

③ cor 함수를 이용한 상관관계 분석에서 변수들 간의 상관계수는 출력할 수 있으나 상관계수에 따른 유의도를 출력할 수 없다. 변수들 간의 상관관계에 대한 유의도를 살펴보기 위해서는 cor.test 함수를 이용할 수 있다.

- cor.test 함수에는 상관계수와 유의도를 출력하고자 하는 두 변수[건강한 자기관리(BM)과 행복(Happiness)]를 지정하여 분석해 본다.

```
Console
> cor.test(test$BM, test$Happiness)

        Pearson's product-moment correlation

data:  test$BM and test$Happiness
t = 26.468, df = 1921, p-value < 2.2e-16
alternative hypothesis: true correlation is not equal to 0
95 percent confidence interval:
 0.4834130 0.5489577
sample estimates:
      cor
0.5169426
```

분석 결과

- cor.test 함수를 이용한 분석 결과를 살펴보면, 건강한 자기 관리와 행복 간의 상관계수는 0.5169426이고, 유의도는 2.2e−16으로 0.05보다 낮게 나타나고 있다.
- 건강한 자기 관리와 행복 간에는 관계가 없을 것이라는 귀무가설은 기각되고, 건강한 자기 관리와 행복 간에는 관계가 있을 것이라는 대립가설이 채택된다.
- 건강한 자기 관리와 행복 간의 상관계수가 양수로 나타나고 있으므로 정적 관계가 있는 것으로 볼 수 있다. 즉 건강한 자기 관리가 높아짐에 따라 행복도 높아지는 관계를 보이고 있다.
- cor.test 함수는 상관계수와 유의도를 구할 수 있지만 두 변수만을 대상으로 분석할 수 있으므로 여러 변수들에 대한 상관계수나 유의도를 동시에 구하기에는 적합하지 않다는 한계가 있다.

분석 결과

	가 설	귀무가설	대립가설
대립가설	건강한 몸의 느낌과 행복	기각	채택
	건강한 자기관리와 행복	기각	채택
	평화와 행복	기각	채택

9 회귀분석

1) 단순회귀분석의 분석 방법

단순회귀분석이란 하나의 종속 변수와 하나의 독립변수 사이의 인과관계를 분석하는 것이다.

가설

대립가설 1

1) 건강한 자기관리를 잘할수록 행복이 어떻게 달라지는가?

대립가설 2

2) 건강한 몸의 느낌이 변할수록 행복이 어떻게 달라지는가?

(1) 대립가설 1의 검증

분석 순서

① 대립가설의 검증을 위해서 사용할 변수는 이미 만들어진 상태에 있기 때문에 그 변수들을 사용한다.

② 건강한 자기관리가 행복에 미치는 영향에 대한 단순회귀분석을 수행한다.

R Script

① 단순회귀분석

대립가설 1의 검증

```
regression1_1 <- lm(Happiness ~ BM, data = test)
summary(regression1_1)
```

별도의 객체로 저장하지 않는 분석 방법: 위의 명령문과 같은 결과가 산출됨

```
summary(lm(Happiness ~ BM, data = test))
```

명령어 설명

lm	회귀분석을 위한 함수

스크립트 설명

① 회귀분석을 시행하기 위해 lm 함수를 이용한다.

- lm 함수에는 종속변수와 독립변수를 차례대로 입력하고, 종속변수와 독립변수 사이에는 '~' 표시를 한다.
- 대립가설 1은 종속변수가 행복이고, 독립변수가 건강한 자기관리이므로 Happiness ~ BM라고 입력하고, 종속변수와 독립변수가 있는 데이터를 지정하면 된다(data = test). 그리고 lm 함수에서 지정한 회귀모형은 regression_1이라는 객체에 할당한다.
- summary 함수에 이 객체를 지정하면 회귀분석 결과를 확인할 수 있다.
- 회귀분석 결과를 객체로 저장하지 않고 분석 결과를 보기 위해서 summary 함수와

lm 함수를 함께 사용하여 회귀모형의 결과를 확인할 수 있다.

```
Console
> regression1_1 <- lm(Happiness ~ BM, data = test)
> summary(regression1_1)

Call:
lm(formula = Happiness ~ BM, data = test)

Residuals:
     Min       1Q   Median       3Q      Max
-2.15969 -0.45830  0.04031  0.44031  1.93799

Coefficients:
            Estimate   Std. Error  t value  Pr(>|t|)
(Intercept)   2.06665    0.05782   35.74    <2e-16 ***
BM          0.49768    0.01880    26.47    <2e-16 ***
---
Signif. codes:  0 '***' 0.001 '**' 0.01 '*' 0.05 '.' 0.1 ' ' 1

Residual standard error: 0.6407 on 1921 degrees of freedom
Multiple R-squared:  0.2672,  Adjusted R-squared:  0.2668
F-statistic: 700.6 on 1 and 1921 DF,  p-value: < 2.2e-16
```

분석 결과

- 대립가설 1의 분석 결과를 살펴보면, 가장 먼저 입력한 회귀모형이 다시 출력되고, 그 아래에는 회귀모형에서 벗어난 잔차(residuals)의 분포에 대한 정보를 보여준다.
- 그 다음으로 절편과 독립변수의 기울기에 대한 추정통계량이 출력된다. 절편의 추정량(intercept)은 2.06665이고, 독립변수의 기울기 값에 대한 추정량은 0.49768로 나타났다.
- 독립변수의 기울기 값에 대한 추정량은 독립변수와 종속변수의 관계식을 의미하므로 회귀 계수(coefficient)라고도 불린다. 절편은 독립변수가 0인 경우의 종속변수 값이므로, 건강한 몸의 느낌이 0일 때의 행복의 값은 2.06665이다. 그리고 독립변수의 회귀 계수는 양수이므로 독립변수와 종속변수 간에는 정적 관계가 있다는 것이다. 따라서 독립변수가 한 단위 증가할 때 종속변수는 0.49768만큼 증가하게 된다.

- 독립변수의 회귀 계수에 대한 통계적 검증을 위한 통계량은 T 값이다. 이 T 값은 독립변수의 회귀 계수를 표준오차로 나누어 준 값이다. 값을 통해 독립변수가 종속변수에 미치는 영향에 대한 검증을 할 수 있다. T 값은 26.47이고, T 값에 대한 유의도는 2e−16로 소수점 16번째 자리까지 0인 값이다. 유의도가 귀무가설을 채택 혹은 기각할 수 있는 기준인 0.05보다 낮은 수준이므로 귀무가설은 기각되고, 대립가설을 채택할 수 있다. 즉 건강한 자기 관리는 행복에 영향을 미칠 것이라는 대립가설을 채택하게 된다. 그리고 독립변수와 종속변수의 관계를 회귀식으로 표현하면 아래와 같다.

$$\hat{Y} = 2.06665 + 0.49768X\text{(대립가설1의 결과)}$$

- 다음으로 R^2와 F 검증의 결과가 출력된다. R^2는 종속변수의 분산 중에서 독립변수에 의해 설명된 분산의 비율을 의미한다. R^2값은 최소값이 0이고, 최대값이 1인 값을 가진다. 그리고 R^2값이 클수록 독립변수에 의해 설명되는 종속변수의 분산이 크다는 것을 의미한다. 대립가설 1의 결과에서 R^2값은 0.2672로 종속변수의 전체 분산 중에서 독립변수에 의해 설명되는 분산이 26.72%라고 해석할 수 있다. R^2값은 회귀분석에서 독립변수의 수가 많아질수록 커지는 특성을 가지고 있다. 따라서 독립변수의 수가 많을 때에는 독립변수의 수를 고려하여 R^2값을 계산해야 한다. 이렇게 독립변수의 수를 고려한 R^2값이 수정된 R^2(Adjusted R-squared)이다.
- F 검증의 결과를 살펴보면, F 값은 700.6이고, 유의도는 2.2e−16으로 나타났다. F 값에 따른 유의도가 귀무가설의 기각 혹은 채택의 기준인 0.05보다 낮은 수준이므로 귀무가설은 기각된다. 여기서 귀무가설은 '회귀모형은 의미가 없다'가 된다. 즉 회귀모형에서 가정한 독립변수에 의해 설명되는 종속변수의 분산이 그리 크지 않기 때문에 제시한 회귀모형은 의미가 없다는 것이다. 그리고 대립가설은 '회귀모형은 의미가 있다'가 되고, 독립변수에 의해 종속변수의 분산이 통계적으로 유의하게 설명된다는 의미이다.

(2) 대립가설 2의 검증

분석 순서

① 건강한 몸의 느낌과 행복도 이미 만들어진 변수가 있기에 그대로 사용한다.

② 건강한 몸의 느낌이 행복에 미치는 영향에 대한 단순회귀분석을 수행한다.

R Script

② 대립가설 2의 검증

```
regression1_2 <- lm(Happiness ~ BF, data = test)
summary(regression1_2)
```

스크립트 설명

- 대립가설 2에 대한 검증을 해보도록 한다. 대립가설 2는 독립변수가 건강한 몸의 느낌이고, 종속변수가 행복이다.
- 회귀분석을 수행한 결과를 regression1_2라는 객체에 저장하고, summary 함수에 분석 결과를 저장한 객체를 지정하여 회귀분석 결과를 출력한다.

```
Console
> regression1_2 <- lm(Happiness ~ BF, data = test)
> summary(regression1_2)

Call:
lm(formula = Happiness ~ BF, data = test)

Residuals:
     Min       1Q   Median       3Q      Max
-2.26926 -0.38886  0.02421  0.43727  2.07647

Coefficients:
            Estimate  Std. Error  t value  Pr(>|t|)
(Intercept)  1.85820   0.06337     29.32   <2e-16 ***
BF           0.53266   0.01946    27.38   <2e-16 ***
---
Signif. codes:  0 '***' 0.001 '**' 0.01 '*' 0.05 '.' 0.1 ' ' 1

Residual standard error: 0.6348 on 1921 degrees of freedom
Multiple R-squared:  0.2806,  Adjusted R-squared:  0.2803
F-statistic: 749.4 on 1 and 1921 DF,  p-value: < 2.2e-16
```

분석 결과

- 회귀분석의 결과를 살펴보면, 절편은 1.85820이고, 독립변수의 회귀 계수는 0.53266로 나타났다.
- 독립변수인 건강한 몸의 느낌이 0인 경우에 행복은 1.85820이고, 건강한 몸의 느낌이 한 단위 증가할수록 행복은 0.53266만큼 증가함을 알 수 있다. 독립변수의 기울기에 대한 t 값은 27.38이고, 유의도는 2e−16로 나타났다.
- 유의도는 0.05보나 낮은 수순이므로 건강한 몸의 느낌이 행복에 영향을 미치지 않는다는 귀무가설은 기각되고, 건강한 몸의 느낌이 행복에 영향을 미치고 있다는 대립가설이 채택된다.
- F 값은 749.4이고, F 값에 따른 유의도는 2.2e−16로 0.05보다 낮은 수준으로 나타나고 있어 '회귀모형은 의미가 없다'는 귀무가설은 기각되고, '회귀모형은 의미가 있다'는 대립가설이 채택된다.
- 독립변수가 설명하는 종속변수의 분산인 R^2값은 0.2806로 종속변수의 전체 분산 중에서 28.06%를 독립변수가 설명하는 것으로 나타났다.

2) 다중회귀분석의 분석 방법

다중회귀분석이란 하나의 종속변수와 여러 독립변수 사이의 관계를 분석하는 것이다.

일반적으로 사회현상에 대한 회귀분석을 수행할 때 회귀모형에 하나의 독립변수만으로 분석하는 경우는 거의 없고, 대부분 여러 개의 독립변수로 모형을 구성한다.

가설

대립가설

1) 건강한 자기관리는 행복에 영향을 미칠 것이다.

2) 건강한 몸의 느낌은 행복에 영향을 미칠 것이다.

3) 평화의 정도에 따라 행복에 영향을 미칠 것이다.

(1) 대립가설의 검증

분석 순서

① 분석에 필요한 독립변수를 만든다.

② 다중회귀분석을 수행한다.

③ R은 표준화된 계수를 자동적으로 계산해 주지 않기 때문에 별도로 표준화된 계수를 구하는 작업이 필요하다.

④ 독립변수들 간의 다중공선성 여부를 진단한다.

R Script

① 다중회귀분석

```
regression2 <- lm(Happiness ~ BM + BF + Peace, data=test)
summary(regression2)
```

스크립트 설명

- 대립가설은 하나의 종속변수에 3개의 독립변수가 미치는 영향에 대해 검증하는 것이다. 이러한 대립가설을 검증하기 위해 우선 독립변수와 종속변수를 만든다. 이미 앞에서 해당 변수를 만들었기 때문에 변수 만드는 과정은 생략한다.
- 대립가설에서 종속변수는 행복(Happiness)이고, 독립변수는 건강한 자기 관리(BM), 건강한 몸의 느낌(BF), 평화(Peace)이다.
- 이들 변수들 이미 만들었던 변수들이므로 다중회귀분석을 시행할 수 있다.

① 다중회귀분석은 단순회귀분석의 방법과 같이 lm 함수를 이용한다.

- lm 함수에는 종속변수와 독립변수 순서로 입력한다.
- 종속변수와 독립변수 사이에 '~' 기호를 입력하고, 독립변수들 사이에는 '+' 기호를 입력한다. 그리고 종속변수 독립변수가 있는 데이터를 지정하면 된다.
- lm 함수를 이용한 회귀분석의 결과는 regression2라는 객체에 저장하고, summary 함수를 사용하여 회귀분석의 결과를 확인할 수 있다.

```
Console
> regression2 <- lm(Happiness ~ BM + BF + Peace, data=test)
> summary(regression2)

Call:
lm(formula = Happiness ~ BM + BF + Peace, data = test)

Residuals:
     Min       1Q   Median       3Q      Max
-1.89133 -0.33018  0.00176  0.33432  2.18839

Coefficients:
            Estimate  Std. Error  t value  Pr(>|t|)
(Intercept)  0.51434    0.07560    6.803  1.36e-11 ***
BM           0.20838    0.02114    9.859   < 2e-16 ***
BF           0.24703    0.02213   11.164   < 2e-16 ***
Peace        0.45725    0.02061   22.187   < 2e-16 ***
---
Signif. codes:  0 '***' 0.001 '**' 0.01 '*' 0.05 '.' 0.1 ' ' 1

Residual standard error: 0.5451 on 1919 degrees of freedom
Multiple R-squared:  0.4702,  Adjusted R-squared:  0.4694
F-statistic: 567.7 on 3 and 1919 DF,  p-value: < 2.2e-16
```

분석 결과

- 다중회귀분석의 결과를 살펴보면, 절편은 0.51434로 나타났다. 그리고 건강한 자기 관리의 회귀 계수는 0.20838, 건강한 몸의 느낌은 0.24703, 평화는 0.45725로 나타났다. 다중회귀분석의 결과를 수식으로 나타내면 다음과 같다.

$$\hat{Y} = 0.51434 + 0.20838X_1 + 0.24703X_2 + 0.45725X_3$$

- 건강한 자기 관리, 건강한 몸의 느낌, 평화는 유의도가 모두 0.05보다 낮은 수준으로 나타났다. 따라서 이들 독립변수는 종속변수에 대해 통계적으로 유의한 영향을 미치고 있음을 알 수 있다.
- 다중회귀모형에 대한 통계량을 살펴보면, F 값이 567.7로 유의도는 2.2e−16으로 나타났다. F 값에 따른 유의도가 0.05보다 낮은 수준이므로 회귀모형은 의미가 없다는 귀무가설을 기각하고, 회귀모형은 의미가 있다는 대립가설을 채택할 수 있다.

- R^2 값은 0.4702로 종속변수의 분산 중에서 독립변수에 의해 설명되는 분산은 47.02%인 것으로 나타났다.
- 다중회귀분석의 결과에서 종속변수에 통계적으로 유의한 영향을 미치는 것으로 나타난 독립변수는 건강한 자기관리, 건강한 몸의 느낌, 그리고 평화이다.
- 위의 결과에서는 종속변수에 미치는 독립변수의 상대적 영향력의 크기를 비교할 수 없다.
- lm 함수에서 얻은 독립변수의 회귀 계수는 독립변수가 한 단위 증가할 때 종속변수가 변하는 양을 의미한다. 만약 각 독립변수의 단위가 다르게 측정되었다면 회귀 계수의 의미가 서로 다르므로 독립변수의 회귀 계수로는 직접 비교가 불가능하다. 따라서 종속변수에 대한 독립변수의 영향을 의미하는 회귀 계수를 비교하기 위해서는 표준화된 계수로 비교해야 한다.

R Script

② 표준화 계수값 구하기

```
install.packages("QuantPsyc")
library(QuantPsyc)
lm.beta(regression2)
round(lm.beta(regression2),3)        # 표준화 계수값을 소수점 3자리로 지정
```

명령어 설명

QuantPsyc	심리학의 양적 연구를 위한 패키지
lm.beta	표준화된 회귀 계수를 구하기 위한 함수

스크립트 설명

② 표준화 계수는 'QuantPsyc' 패키지의 lm.beta 함수를 통해 구할 수 있다.

- lm.beta 함수에는 다중회귀분석의 결과를 저장한 객체를 입력하면 된다. 그리고 round 함수를 이용하여 표준화 계수의 소수점을 지정할 수 있다.

```
Console
> lm.beta(regression2)
       BM         BF      Peace 
0.2164407 0.2456788 0.4017119 
> round(lm.beta(regression2),3)
   BM    BF   Peace 
0.216  0.246  0.402 
```

분석 결과

- 소수점 3자리로 지정한 표준화 계수값을 비교하면 평화의 표준화 계수가 0.402로 가장 높게 나타나고 있다. 그 다음으로는 건강한 몸의 느낌(0.246), 건강한 자기관리(0.216)의 순으로 나타나고 있다.
- 이 결과를 통해 행복에 가장 큰 영향을 미치는 독립변수는 평화인 것을 알 수 있다.

R Script

③ 다중공선성 진단을 위한 VIF 값 구하기

```
install.packages("car")
library(car)
vif(regression2)
```

스크립트 설명

③ 다중회귀분석을 할 때는 다중공선성(multicollinearity)의 문제를 고려하는 것이 필요하다.

- 다중공선성은 독립변수들 간에 높은 상관관계가 있는 경우에 발생되는데, 독립변수들 간에 다중공선성이 존재할 때 회귀 계수 추정치의 안정성과 신뢰성에 문제가 발생한다.
- 회귀모형에서 다중공선성을 진단하기 위한 방법 중의 하나로 분산팽창계수(VIF: Variance Inflation factor)를 구해보면 된다. 분산팽창계수는 'car' 패키지의 vif 함수를 이용해서 구할 수 있다.
- vif 함수에는 다중회귀분석의 결과를 저장한 객체를 입력하여 구할 수 있다. vif 값이

클수록 다중공선성으로 인해 회귀모형이 문제가 있다는 것을 의미한다.

- 대체로 다중공선성으로 인한 문제가 있다고 가정할 수 있는 vif 값은 10을 기준으로 한다. vif 값이 10 미만이면 다중공선성으로 인한 문제는 없다고 간주할 수 있다.

```
Console
> vif(regression2)
      BM       BF    Peace
1.745840 1.754046 1.187385
```

분석 결과

- 대립가설에서 가정한 회귀모형에서의 다중공선성을 살펴보면 모든 독립변수의 vif 값이 2미만으로 나타나고 있어 다중공선성으로 인한 문제는 없는 것으로 볼 수 있다.
- 만약 if 값이 10 이상인 변수가 존재한다면 다중공선성의 문제를 해결하기 위해서 해당변수를 제외하거나, 해당 변수와 유사한 다른 변수와 더하여 하나의 변수로 만드는 방법을 사용할 수 있다.

3) 더미변수를 이용한 회귀분석의 분석 방법

더미변수를 이용한 회귀분석이란 독립변수 중 범주형 변수가 포함된 경우에 적용되는 분석방법이다.

집단 변수를 포함한 다중회귀분석 방법을 설명하기 위해서 다음과 같이 대립가설을 설정한다.

가설

대립가설

1) 성별은 행복에 영향을 미칠 것이다.
2) 교육정도는 행복에 영향을 미칠 것이다.
3) 건강한 자기관리는 행복에 영향을 미칠 것이다.
4) 건강한 몸의 느낌은 행복에 영향을 미칠 것이다.
5) 평화의 정도에 따라 행복에 영향을 미칠 것이다.

분석 순서

① 집단 변수(직업 결정 상태)를 더미변수로 만든다.

② 더미변수를 이용한 다중회귀분석을 수행한다.

R Script

① 더미변수 만들기

```
test$Gender_f.dummy <- ifelse(test$Gender == 2, 1, 0)
test$EDU_2.dummy <- ifelse(test$EDU == 2, 1, 0)
test$EDU_3.dummy <- ifelse(test$EDU == 3, 1, 0)
test$EDU_4.dummy <- ifelse(test$EDU == 4, 1, 0)
```

더미변수 확인

```
table(test$Gender)
table(test$Gender_f.dummy)
table(test$EDU)
table(test$EDU_2.dummy);table(test$EDU_3.dummy);table(test$EDU_4.dummy)
```

명령어 설명

ifelse	조건에 충족되었을 경우와 충족되지 않을 경우의 값을 각각 재부호화하기 위한 함수

스크립트 설명

① 대립가설에서 더미변수를 만들 대상 변수는 '성별(Gender), 교육정도(EDU)'이다. 이 변수의 구체적 변수 설명은 성별(Gender) '1=남성', '2=여성'이라는 두 개의 속성을 가지고 교육정도(EDU)는 '1=중졸 이하', '2=고졸 또는 중퇴', '3=대졸 또는 중퇴', '4=대학원 졸업 또는 중퇴'라는 4개의 속성으로 측정되어 있다. 교육정도 변수에서 변수값이 1인 '중졸 이하'라고 응답한 사례들을 준거집단으로 하여 나머지 2번이나 3번, 4번으로 응답한 집단과의 차이를 검증해 보도록 한다.

- 회귀분석에서 더미변수를 이용할 수 있는 두 가지 방법이 있다. 첫 번째 방법으로는 사용자가 직접 더미변수를 만드는 방법이다. R에서 사용자가 직접 더미변수를 만드는 방법은 여러 가지 방법이 있지만 이 책에서는 ifelse 함수를 이용하여 간단하게 더

미변수를 만드는 방법을 이용하도록 한다.

- ifelse 함수는 사용자가 지정한 변수값과 이외의 변수값을 각각 재부호화 할 수 있도록 한다. 아래의 예에서는 test 데이터에서 '교육정도(EDU)' 변수의 값이 2인 경우에는 1로 재부호화 하고, 변수의 값이 2 이외의 값일 경우에는 0으로 재부호화 하여 test라는 데이터의 EDU_2.dummy라는 변수에 저장하게 된다(test$EDU_2.dummy <- ifelse(test$EDU == 2, 1, 0)). 그 다음에는 교육 정도의 변수값이 3인 경우에는 1로 재부호화 하고, 변수의 값이 3 이외의 값일 경우에는 0으로 재부호화 하여 test라는 데이터의 test$EDU_3.dummy라는 변수에 저장하게 된다(test$EDU_3.dummy <- ifelse(test$EDU == 3, 1, 0)). 마지막으로 교육정도의 변수값이 4인 경우에는 1로 재부호화 하고, 변수의 값이 4 이외의 값일 경우 0으로 재부호화 하여 test라는 데이터의 test$EDU_4.dummy라는 변수에 저장하게 된다(test$EDU_4.dummy <- ifelse(test$EDU == 4, 1, 0)).

```
Console
> test$Gender_f.dummy <- ifelse(test$Gender == 2, 1, 0)
> test$EDU_2.dummy <- ifelse(test$EDU == 2, 1, 0)
> test$EDU_3.dummy <- ifelse(test$EDU == 3, 1, 0)
> test$EDU_4.dummy <- ifelse(test$EDU == 4, 1, 0)
> table(test$Gender)
   1    2
 789 1134
> table(test$Gender_f.dummy)
   0    1
 789 1134
> table(test$EDU)
   1    2    3    4
 231  472 1022  198
> table(test$EDU_2.dummy);table(test$EDU_3.dummy);table(test$EDU_4.dummy)
   0    1
1451  472
   0    1
 901 1022
   0    1
1725  198
```

분석 결과

- '성별'의 분포를 살펴보면, 여자(2번)의 사례수는 1134명이고, 더미변수(Gender_f.dummy)는 원래의 변수값에서 2인 경우에 1로 재부호화 하였다.
- '교육정도'의 분포를 살펴보면, 1번의 사례수는 231명이었고, 2번의 사례수는 472명, 그리고 3번의 사례수는 1022명, 4번의 사례수는 198명이다. 첫 번째 더미변수(EDU_2.dummy)은 원래의 변수값에서 2인 경우에는 1로 재부호화 하였고, 이외의 응답은 0으로 재부호화 하였다. 따라서 첫 번째 더미변수에서 1의 사례수(472명)는 원변수(EDU)에서 변수값 2의 사례수와 같아야 한다. 그리고 두 번째 더미변수(EDU_3.dummy)는 원변수의 변수값에서 3인 경우에는 1로 재부호화 하였으므로 두 번째 더미변수의 변수값이 1인 사례수(1022명)는 원변수에서 변수값 3의 사례수와 같아야 한다. 마지막으로 세 번째 더미변수(EDU_4.dummy)는 원변수의 변수값에서 4인 경우에는 1로 재부호화 하였고, 이외의 응답은 0으로 재부호화 하여 4의 사례수(198명)과 원변수(EDU)에서 변수값 4의 사례수와 같아야 한다.

R Script

② 더미변수를 이용한 다중회귀분석

```
regression4 <- lm(Happiness ~ BM + BF + Peace + Gender_f.dummy +
test$EDU_2.dummy + test$EDU_3.dummy + test$EDU_4.dummy, data = test)
summary(regression4)
```

표준화 계수 출력

```
library(QuantPsyc)
lm.beta(regression4)
```

스크립트 설명

② 더미변수를 만들고 확인한 다음에는 대립가설에 따른 다중회귀분석을 시행한다. 다중회귀분석은 lm 함수를 이용하여 분석한다. lm 함수에는 대립가설에 따른 종속변수와 독립변수를 차례로 입력하고, 해당 변수들이 있는 데이터를 지정한다. 그리고 다중회귀분석의 결과를 regression라는 객체에 저장한다. 분석 결과를 살펴보기 위해 summary 함수에 분석 결과가 저장된 객체(regression4)를 입력한다.

```
Console
> regression4 <- lm(Happiness ~ BM + BF + Peace + Gender_f.dummy +
test$EDU_2.dummy + test$EDU_3.dummy + test$EDU_4.dummy, data = test)
> summary(regression4)

Call:
lm(formula = Happiness ~ BM + BF + Peace + Gender_f.dummy + test$EDU_2.
dummy +
    test$EDU_3.dummy + test$EDU_4.dummy, data = test)

Residuals:
     Min       1Q   Median       3Q      Max
-1.89014 -0.31745  0.00239  0.32825  2.13038

Coefficients:
                   Estimate  Std. Error  t value   Pr(>|t|)
(Intercept)         0.36166    0.08779    4.120    3.96e-05 ***
BM                  0.21705    0.02116   10.255   < 2e-16 ***
BF                  0.24741    0.02211   11.188   < 2e-16 ***
Peace               0.45314    0.02073   21.855   < 2e-16 ***
Gender_f.dummy     0.06845    0.02566    2.668   0.00770 **
test$EDU_2.dummy  0.05688    0.04407    1.291   0.19697
test$EDU_3.dummy  0.13451    0.04018    3.348   0.00083 ***
test$EDU_4.dummy  0.14083    0.05337    2.639   0.00839 **
---
Signif. codes:  0 '***' 0.001 '**' 0.01 '*' 0.05 '.' 0.1 ' ' 1

Residual standard error: 0.5427 on 1915 degrees of freedom
Multiple R-squared:  0.4758,  Adjusted R-squared:  0.4739
F-statistic: 248.3 on 7 and 1915 DF,  p-value: < 2.2e-16

> lm.beta(regression4)
              BM              BF             Peace   Gender_f.dummy
      0.22544586      0.24606106        0.39810329       0.04501051
test$EDU_2.dummy  test$EDU_3.dummy  test$EDU_4.dummy
      0.03272227        0.08972331        0.05721213
```

분석 결과

- 다중회귀분석의 결과를 살펴보면, 건강한 자기관리, 건강한 몸의 느낌, 평화 그리고

세 개의 더미변수가 종속변수인 행복에 통계적으로 유의한 영향을 미치고 있는 것으로 나타났다. 이들 독립변수 중에서 건강한 자기관리, 건강한 몸의 느낌, 평화는 회귀계수가 양수이므로 종속변수에 정적 영향을 미치고 있는 것으로 나타났다. 성별과 교육정도의 더미변수는 모두 회귀계수가 양수로 나타나고 있다. 성별의 변수값은 0이 남성이고, 1은 여성으로 재부호화 하였다. 따라서 독립변수의 값이 높아질수록 행복이 높아지므로, 남성에 비해 여성일수록 행복이 높아지는 것으로 나타났다.

- 다중회귀모형의 F 검증 결과를 살펴보면, F 값이 248.3이고, 유의도가 2.2e−16으로 0.05보다 낮은 수준이므로 '회귀모형은 의미가 없다'는 귀무가설은 기각되고, '회귀모형은 의미가 있다'는 대립가설이 채택된다. 그리고 R^2값은 0.4758로 종속변수의 전체 분산 중에서 독립변수가 47.58% 설명하고 있는 것으로 나타났다.

Part IV

머신러닝 기반 데이터 분석

1 머신러닝의 개요

머신러닝(Machine learning)은 빅데이터와 사물인터넷(IoT) 시대에서 유용한 정보를 생성해주는 중요한 역할을 제공한다. 머신러닝은 알고리즘을 통해서 데이터를 예측하는 인공지능의 일종으로 사람의 개입이 최소화된 환경에서 데이터에 의한 학습을 통해 최적의 판단이나 예측을 가능하게 해주는 것으로 크게 지도학습과 비지도학습(자율학습)으로 분류된다. 그중 지도학습은 어떤 입력에 대해서 어떤 결과가 출력되는지의 사전지식을 가지고 있는 경우에 입력에 대해서 특정한 출력이 나타나게 해주는 규칙(rule)을 발견하고 이를 통해서 데이터를 추정 및 예측하는 데 이용된다.

1) 지도학습과 비지도학습

기계학습은 크게 지도학습과 비지도학습으로 분류된다. 지도학습은 사전에 입력과 출력에 대한 정보를 가지고 있는 상태에서 입력이 들어오는 경우 해당 출력이 나타나는 규칙을 발견(알고리즘 이용)하고, 이를 통해서 만들어진 모델(model)에 의해서 새로운 데이터를 추정 및 예측한다.

비지도학습은 최종적인 정보가 없는 상태에서 컴퓨터 스스로 공통점과 차이점 등의 패턴을 이용해서 규칙을 생성하고, 이를 통해서 분석결과를 도출해내는 방식이다. 따라서 유사한 데이터를 그룹화해주는 군집화와 군집 내의 특성을 나타내는 연관분석 방법에 주로 이용된다. 아래 표는 지도학습과 비지도학습의 차이점을 나타내고 있다.

지도학습과 비지도학습의 차이 비교

분류	지도학습	비지도학습
주 관	사람의 개입에 의한 학습	컴퓨터에 의한 기계학습
기 법	확률과 통계기반 추론통계	패턴분석 기반 데이터 마이닝
유 형	회귀분석, 분류분석(y 변수 있음)	군집분석, 연관분석(y 변수 없음)
분 야	인문, 사회 계열	공학, 자연 계열

지도학습은 영향을 미치는 독립변수와 영향을 받는 종속변수의 관계가 형성되지만, 비지도학습은 종속변수가 존재하지 않는다.

2) 모델링과 예측이란?

모델링이랑 우리가 살고 있는 현실 세계에서 일어나는 현상을 수학식으로 표현하는 행위다.

모델링을 통해 모델을 알아내고 나면, 모델을 이용하여 새로운 사실을 예측할 수 있게 된다.

(1) 간단한 사례로 이해하기

'영업 사원의 월급' 사례로 간단한 수학을 적용하여 모델링과 예측에 관한 중요용어와 개념을 확실히 이해하자.

자동차 판매회사의 신입 사원인 도현은 다음과 같은 조건으로 계약하였다.

조건: 100만 원 기본급에 자동차 1대 팔 때마다 90만 원을 추가로 받음

이 조건을 기반으로 모델링을 해보자. 먼저 판매 대수를 x, 월급을 y라는 변수로 표현하자. 그리고 독립 변수 x와 종속 변수 y 사이의 관계를 수식으로 표현하면 다음 모델을 얻는다.

모델: $y = 900000x + 1000000$

데이터 사이언스에서는 이 사례에서 유도한 수식 $y = 900000x + 1000000$을 모델(model)이라 부른다. 도현이 모델을 구하기 위해 수행한 과정, 즉 주어진 조건으로부터 변수를 뽑고 변수 사이의 관계를 나타내는 식을 구하는 과정을 모델링(modelling)으로 볼 수 있다. 사실 이 예에서는 조건이 매우 직관적이고 간단하여 모델링 과정이 아주 단순하다.

모델을 가지고 있으면 예측(prediction)이 가능하다. 다음 달에 3대를 팔면 월급이 얼마일까? 더욱 분발하여 그다음 달에 20대를 팔면 얼마를 벌지? 이런 질문에 효과적으로 답할 수 있다. 이러한 행위를 예측이라 부른다. 예를 들어 3대를 팔면, 즉 $x=3$이면 월급 y는 370만원 이라고 예측할 수 있다.

데이터 과학의 세계에서는 앞의 예처럼 문장으로 기술된 조건이 주어지는 대신, 데이터가 주어진다. 이 데이터로부터 모델을 알아내야 하는데, 주어진 데이터를 훈련 집합(training set)이라 부른다. 앞으로 훈련 집합을 식(1)과 같이 표기하기로 하자.

$$X = \{x_1, x_2, \cdots, x_n\}, Y = \{y_1, y_2, \cdots, y_n\} \qquad \text{식(1)}$$

(x_i, y_i)를 1번째 관측(observation) 또는 1번째 샘플(sample)이라 부른다. 데이터 과학에서는 독립 변수 x를 설명 변수(explanatory variable), 종속 변수 y를 반응 변수(response variable)라 부른다. 또는 x_i를 특징(feature), y_i를 레이블(label)이라 부른다. x_i가 입력되면 y_i를 맞추어야 하는 문제로 볼 수 있다. 결국 데이터 사이언스에서 모델링이란 훈련 집합을 이용하여 최적의 모델을 찾아내는 과정이라 할 수 있다.

2 모형평가

1) 모형평가 기준

분류분석 모형의 평가는 예측 및 분류를 위해 구축된 모형이 임의의 모형보다 더 우수한 분류성과를 보이는지와 고려된 서로 다른 모형들 중 어느 것이 가장 우수한 예측 및 분류 성과를 보유하고 있는지 등을 비교 분석하는 과정이다.

분석 모형에는 다양한 알고리즘 및 방법론이 존재할 뿐만 아니라 하나의 방법론에도 다른 분류 결과를 초래하는 선택사항이 존재한다. 따라서 다양한 분석 모형 중에서 데이터 마이닝의 목적 및 데이터의 특성에 따라 가장 적합한 모형을 선택하기 위해서는 성과평가 기준이 필요하다.

2) 교차검증(Cross Validation)

모델을 만드는 것은 가지고 있는 샘플 데이터를 이용하여 충분한 정확도로 일반화시켜야 한다.

이를 위해 샘플 데이터를 training / validation / test dataset으로 나누어 모형의 성과를 검증한다. 이는 주어진 데이터에서만 높은 성과를 보이는 모형의 과적합(Overfitting) 문제를 해결하기 위한 단계로 잘못된 가설을 가정하게 되는 2종 오류의 발생을 방지할 수 있다.

이 단계를 위하여 사용되는 추출방법에는 대표적으로 홀드아웃(Hold-out), k-fold 교차 검증, 붓스트랩(Bootstrap) 방법 등이 있다.

교차검증의 데이터 구분

데이터 구분	설명
학습데이터 (training data)	• 훈련용 데이터라고 한다. • 분류기를 만들 때 사용하는 데이터이다. • 데이터 마이닝의 모델을 학습할 때 사용한다.
검증(검정)데이터 (validation data)	• 구축된 모형의 과대추정 또는 과소추정을 미세조정 하는데 활용한다. • 분류기의 파라미터 값을 최적화하기 위해 사용하는 데이터이다.
평가(시험) 데이터 (test data)	• 모형의 구축과는 상관없는 외부데이터를 의미한다. • 모델의 성능을 검증하기 위한 데이터이다.

① 홀드아웃(Hold-out)

- 주어진 원천 데이터를 랜덤하게 두 분류로 분리하여 교차검정을 실시하는 방법으로 하나는 모형의 학습 및 구축을 위한 훈련용 자료로 하나는 성과평가를 위한 검증용 자료로 사용한다.
- 홀드아웃 방법에서는 일반적으로 전체 데이터 중 70%의 데이터는 훈련용 자료로 사용하고 나머지는 검증용 자료로 사용한다.
- 검증용 자료의 결과는 분류분석 모형에는 영향을 미치지 않고 성과 측정만을 위하여 사용한다.

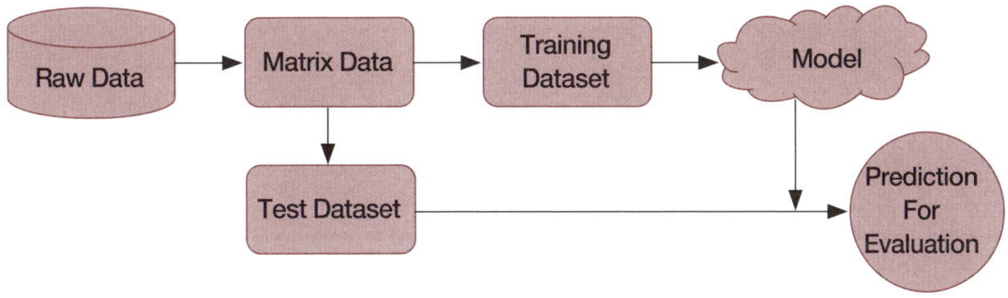

〈홀드아웃 방법〉

② k-fold 교차검증(k-fold Cross Validation)

- 교차검증은 주어진 데이터를 가지고 반복적으로 성과를 측정하여 그 결과를 평균한 것으로 분류분석 모형을 평가하는 방법이다.
- 대표적인 k-fold 교차검증은 전체 데이터를 사이즈가 동일한 k개의 하부집합(subset)으로 나누고 k번째의 하부집합을 검증용 자료로, 나머지 k−1개의 하부집합을 훈련용 자료로 사용, 이를 k번 반복, 측정하고 각각의 반복측정 결과의 평균값을 최종 평가로 사용한다.
- 일반적으로 10-fold 교차검증이 사용된다.

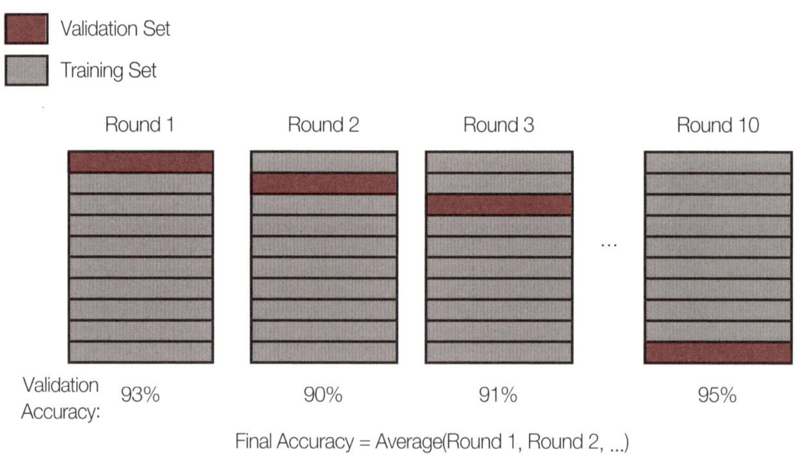

〈k-fold 교차검증〉

③ 붓스트랩(Bootstrap)

- 붓스트랩은 주어진 자료에서 단순 랜덤 복원추출 방법을 활용하여 동일한 표본의 크기의 표본을 여러 개 생성하는 복원추출법이다
- 붓스트랩은 평가를 반복한다는 측면에서 k-fold 교차검증과 유사하나 훈련용 자료를 반복 재산정한다는 점에서 차이가 있다.
- 붓스트랩은 전체 데이터의 양이 크지 않은 경우의 모형 평가에 가장 적합하다.
- 전체 데이터 sample이 N개이고 붓스트랩으로 N개의 sample을 추출하는 경우 특정 샘플이 학습 데이터에 포함될 확률은 약 63.2%이다.
- 반대로 sample에 한 번도 선택되지 않는 확률은 약 36.8%가 해당된다.

• 한 번도 포함되지 않는 sample은 평가용 데이터로 사용한다.

3) 분류모형 평기지표

(1) 오분류표, 혼동행렬(Confusion Matrix)

일반적으로 혼동행렬(Confusion Matrix)는 머신러닝에 의해서 생성된 분류분석 모델의 성능을 지표화할 수 있는 테이블로 모델에 의해서 예측한 값은 열(column)로 나타나고, 관측치의 값은 행(row)으로 표시된다. 혼돈 매드릭스는 [표]와 같다. 참 긍정(TP)은 관측치가 YES이면 모델도 YES를 나타내는 수치이고, 거짓 부정(FN)은 관측치가 YES이면 모델은 NO를 나타내는 수치이다. 또한, 거짓 긍정(FP)은 관측치가 NO이면 모델은 YES를 나타내는 수치이고, 참 부정(TN)은 관측치가 NO이면 모델도 NO를 나타내는 수치이다.

[표] 혼동 매트릭스(Confusion Matrix)

		모델 예측치	
		YES	NO
관측치	YES	참 긍정(TP)	거짓 부정(FN)
	NO	거짓 긍정(FP)	참 부정(TN)

- 정분류율(Accuracy) = (TP+TN) / 전체관측치(TN+FP+FN+TP)
- 오분류율(Inaccuracy) = (FN+FP) / 전체관측치(TN+FP+FN+TP)
- 정확률(Precision) = TP / (TP+FP)
- 재현율(Recall) = TP / (TP+FN)
- F1 점수(F1 score) = (2*(Precision*Recall)) / (Precision+Recall)

정분류율은 모델의 성능평가에서 가장 많이 사용한다. 오분류율(Inaccuracy)은 모델의 오차 비율을 나타내는 척도로 수식은(오분류율 = 1 − 정분류율)이다. 정확률은 모델이 Yes로 판단한 것 중에서 실제로 Yes인 비율이고, 재현율은 관측치가 Yes인 것 중에서 모델이 Yes로 판단한 비율이다. 또한 F1점수는 정확률 과 재현율의 조화평균으로 계산한다. 특히 기계학습에서 Y 변수가 갖는 1(Yes)과 0(No)의 비율이 불균형을 이루는 경우 모델의 평가결과로 F1 점수를 주로 이용한다.

3 의사결정나무(Decision Tree)

1) 분석 데이터 소개

4개의 특성들(features) / 클래스(class) / 샘플(samples)

sepal_length	sepal_width	petal_length	petal_width	species
5.8	4.0	1.2	0.2	setosa
5.1	2.5	3.0	1.1	versicolor
6.6	3.0	4.4	1.4	versicolor
5.4	3.9	1.3	0.4	setosa
7.9	3.8	6.4	2.0	virginica

- setosa, versicolor, viginica 품종이 목표변수입니다.
- 특성은 꽃잎(petal), 꽃받침(sepal)의 폭과 길이입니다.
- 사전에 이미 분류된 데이터를 이용하므로 지도학습이고, 3개의 분류 품종에서 고르는 분류 문제 입니다.

2) 데이터 분할

우리는 머신러닝을 통해 현재의 데이터를 학습하여 미래의 데이터를 예측하고자 한다. 이를 위해서는 데이터를 분할하여 올바르게 머신러닝 모델을 학습시켜야 한다.

모든 데이터를 학습에 사용한 경우 과대 적합이 발생하여 학습하지 않은 데이터의 성능이 매우 안 좋을 수 있고 현재 모델이 그런 문제를 가지고 있는지 알 수 없기 때문이다.

즉 데이터의 일부를 학습에서 제외해서 학습이 완료된 모델을 통해 평가를 진행하여 현재 모델이 학습하지 않은 데이터에 대해 잘 예측할 수 있는지 확인하기 위해 사용된다.

① iris 데이터 셋을 이용하여 train data에서 70%, test data에 30% 랜덤하게 분할한다.

```
data(iris) # iris 데이터 셋 불러오기
head(iris);tail(iris) # 데이터 앞6행, 뒤6행을 동시에 확인하기
names(iris)<-tolower(names(iris)) # 변수를 소문자로 변경하기
idx<-sample(1:nrow(iris),nrow(iris)*0.7) # sample()함수로 7:3으로 분할하기
train<-iris[idx,] # train으로 70%의 iris 데이터셋 랜덤 배정하기
test<-iris[-idx,] # test으로 30%의 iris 데이터셋 랜덤 배정하기
```

② 데이터 분할 확인하기

```
nrow(train)
[1] 105  # iris data 중 105 obs (70%) train으로 배정
nrow(test)
[1] 45  # iris data 중 45 obs (30%) test으로 배정
```

3) 의사결정나무의 개념

- 의사결정나무(Decision tree) 또는 나무(Tree)모형은 의사결정 규칙을 나무(tree) 구조로 나타내어 전체 자료를 몇 개의 소집단으로 분류(Classification)하거나 예측(Prediction)을 수행하는 분석 방법이다.
- 의사나무결정 구조는 다음과 같다. 맨 위의 마디를 뿌리마디(Root node)라 하며, 이는 분류 또는 예측 대상이 되는 모든 자료 집단을 포함한다.
- 상위의 마디가 하위 마디로 분기될 때, 상위 마디를 부모마디(Parent node)라 하고, 하위마디를 자식마디(Child node)라 하며, 더 이상 분기되지 않는 마디를 최종마디(Terminal node)라고 부른다.
- 상위노드로부터 하위노드로 나무 구조를 형성하는 매 단계마다 분류변수와 분류기준 값의 선택이 중요하다.
- 상위노드에서의(분류변수, 분류기준값)은 이 기준에 의해 분기되는 하위노드에서 노드(집단)내에서는 동질성이, 노드(집단)간에는 이질성이 가장 커지도록 선택된다.
- 나무모형의 크기는 과대적합 또는 과소적합되지 않도록 합리적 기준에 의해 적당하게 조절되어야 한다.

4) 의사결정나무의 분리 기준

- 의사결정나무는 여러 분기로 이루어진 구조이다. 따라서 정확한 예측을 위해서는 분류기준이 핵심적 요소이다.

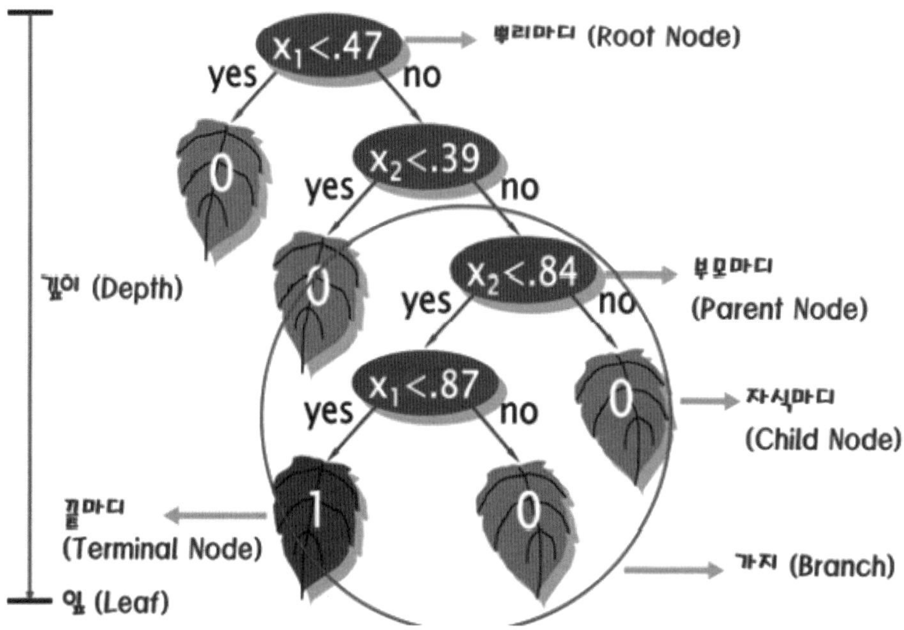

〈의사결정나무 구조〉

- 순수도란 것은 목표변수의 특정 범주에 개체들이 포함되어 있는 정도를 의미한다.
- 결국 분리기준이란 것은 부모마디에 비해 자식마디에서 순수도가 증가하는 정도를 수치화한 것이라 할 수 있다.
- ❶ 부모마디의 순수도보다 ❷, ❸의 자식마디의 순수도가 증가하는 방향으로 트리 구조를 형성한다.

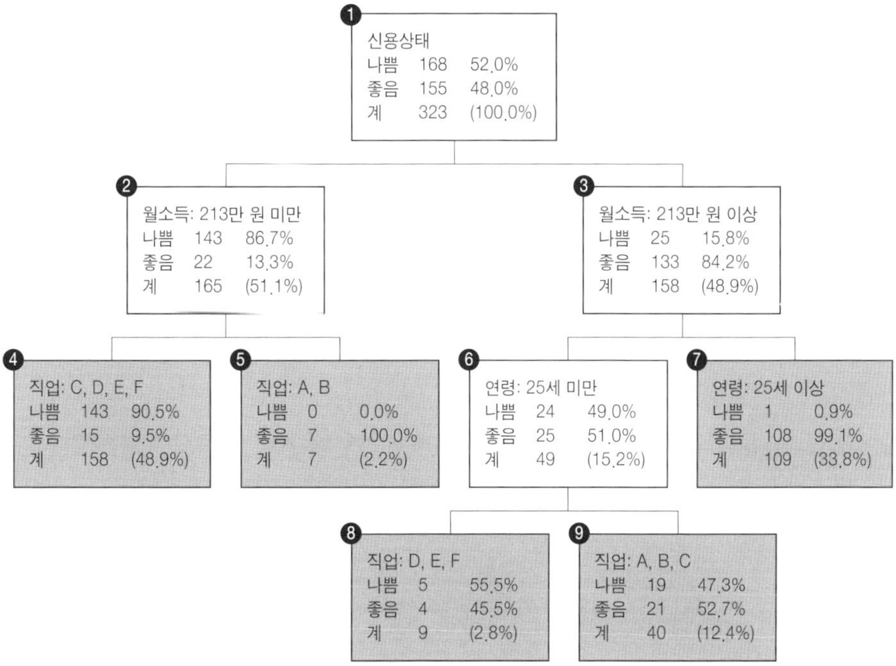

5) 가지치기와 정지규칙

① 가지치기(Pruning)

- 모든 터미널 노드의 순도가 100%(불순도가 0)인 상태를 Full Tree라 한다.
- 나무의 크기는 곧 모형의 복잡도를 의미한다. 이런 경우 분기가 너무 많아 과적합의 위험이 발생할 수 있다.
- 구축된 모형에서 제시되는 규칙들의 타당성을 검토해 타당성이 없는 규칙을 제거함으로써 과적합을 방지하고 적합한 수준에서 터미널 노드를 결합해주는 것을 가지치기라 한다.

② 정지규칙

- 정지규칙이란 더 이상 트리의 분리가 일어나지 않게 하는 규칙이다.
- 의사결정나무 모형에서 트리를 성장시키는 과정에서 정지규칙을 적용하지 않으면 각 끝마디가 Full Tree까지 성장하므로 과적합이 발생할 수 있다.

6) 의사결정나무 모형의 분류

- 의사결정나무는 목표변수가 이산형인 경우 분류나무(Classification tree)와 목표변수가 연속형인 회귀나무(Regression tree)로 구분된다.

① 분류나무(Classification tree)

- 목표변수가 이산형인 분류나무의 경우 상위 노드에서 가지분할을 수행할 때 분류(기준)변수와 분류 기준값의 선택 방법으로 카이제곱 통계량의 p값, 지니 지수, 엔트로피 지수 등이 사용된다.
- 카이제곱 통계량의 p값은 그 값이 작을수록, 지니 지수와 엔트로피 지수는 그 값이 클수록 자식노드 내의 이질성이 큼을 의미하며, 따라서 이 값들이 가장 작아지는 방향으로 가지분할을 수행하게 된다.
- 불확실성 측정 지표: 지니 지수와 엔트로피 지수

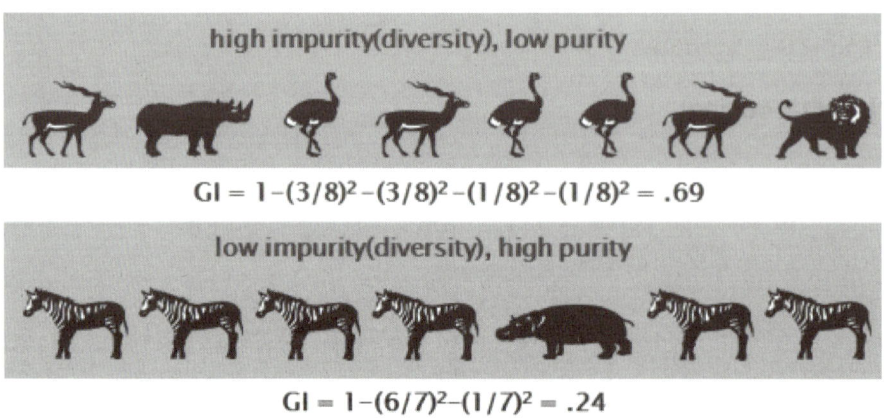

〈지니 지수 산정 방법〉

② 회귀나무(Regression tree)

- 목표변수가 연속형인 회귀나무의 경우에는 분류(기준)변수와 분류 기준값의 선택 방법으로는 F통계량의 p값, 분산의 감소량 등이 사용된다.
- F통계량은 일원배치법에서의 검정통계량으로 그 값이 클수록 오차의 변동에 비해 처리의 변동이 크다는 것을 의미하며, 자식노드 간이 이질적임을 의미하므로 이 값이 커지는(p값은 작아지는) 방향으로 가지분할을 수행하게 된다.

• 분산의 감소량도 이 값이 최대화되는 방향으로 가지분할을 수행하게 된다

7) 의사결정나무의 장·단점

장점	• 구조가 단순하여 해석이 용이하다. • 유용한 입력변수의 파악과 예측변수 간의 상호작용 및 비선형성을 고려하여 분석이 가능하다. • 선형성, 정규성, 등분산성 등의 수학적 가정이 불필요한 비모수적 모형이다. • 계산 비용이 낮아 대규모의 데이터셋에서도 비교적 빠르게 연산이 가능하다. • 수치형/범주형 변수를 모두 사용할 수 있다.
단점	• 분류 기준값의 경계선 부근의 자료값에 대해서는 오차가 크다. • 로지스틱회귀와 같이 각 예측변수의 효과를 파악하기 어렵다. • 새로운 자료에 대한 예측이 불안정할 수 있다.

8) rpart 패키지를 이용하여 iris data 의사결정나무 분석

rpart 패키지에서 제공하는 rpart() 함수는 재귀분할이라는 의미를 갖는다. 다른 의사결정나무 분석 함수에 비해 rpart() 함수는 2개 수준 요인으로 분산분석을 실행한 결과를 드리 형대로 제공하여 모형을 단순화해주기 때문에 전체적인 분류기준을 쉽게 분석할 수 있는 장점이 있다.

① rpart()함수 이용 의사결정나무 생성

```
형식: rpart(반응변수~ 설명변수, data)
```

② 패키지 설치 및 로딩

```
install.packages("rpart")
library(rpart)
```

③ 데이터 로딩(Loading)

```
data(iris) # iris data를 불러온다.
colnames(iris)<-tolower(colnames(iris))# 분석 효율성을 위해 변수명 모두 소문자
변경한다.
"2) 데이터 분할편"의 train data와 test data를 이용한다.
```

④ rpart() 함수 이용 분류분석

```
k<-rpart(species~.,data=train) # rpart함수는 사용 방법(종속변수~ 설명변수, 데이터명)
k # 학습된 결정 트리에 대한 정보를 확인할 수 있다.
```

```
n= 105
node), split, n, loss, yval, (yprob)
      * denotes terminal node
1) root 105 65 versicolor (0.34285714 0.38095238 0.27619048)
  2) petal.length< 2.45 36  0 setosa (1.00000000 0.00000000 0.00000000) *
  3) petal.length>=2.45 69 29 versicolor (0.00000000 0.57971014 0.42028986)
    6) petal.length< 4.75 38  1 versicolor (0.00000000 0.97368421 0.02631579) *
    7) petal.length>=4.75 31  3 virginica (0.00000000 0.09677419 0.90322581) *
```

⑤ rpart() 시각화

```
install.packages("rpart.plot")
library(rpart.plot)
prp(k,type=4,extra=2,digits = 3)
```

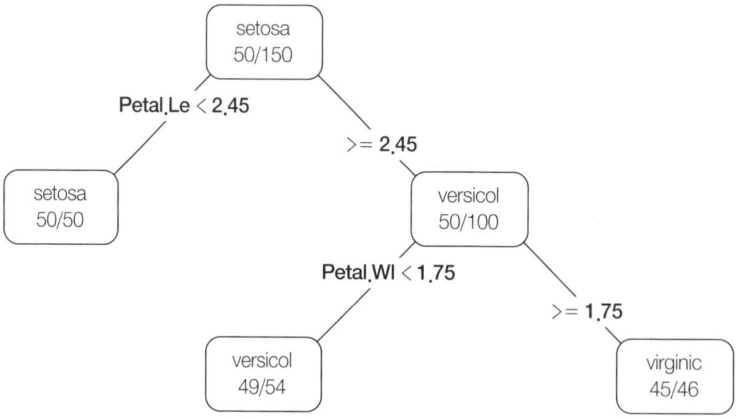

〈시각화 결과〉

⑥ 해설

- train data는 105개 관측데이터
- petal.length(꽃잎 길이)가 2.45 미만이면 setosa 꽃의 종류가 36개 분류되고, 2.45 이

상이면서 petal.width(꽃잎 너비)가 4.75 미만이면 versicolor 꽃이 37개, viginica 꽃이 1개로 분로되며, petal.width(꽃의 너비)가 4.75 이상이면 versicolor 꽃이 3개, viginica 꽃이 28개로 분류된다.

- rpart() 함수에 의해서 iris 데이터 셋의 species(꽃의 종류) 변수를 분류하는 가장 중요한 변수는 petal.length, petal.width 임을 의미한다.

⑦ train data의 모델 평가

- predict() 함수를 이용하여 train data의 혼동행렬을 작성한다.

```
p<-predict(k,train,type='class')
table(p,train$species)
  p            setosa versicolor virginica
  setosa          36          0         0
  versicolor       0         37         1
  virginica        0          3        28
```

- 혼동행렬의 정확도(accuracy) (36+37+28)/105=96.2%

⑧ test data 분류 예측하기

- rpart()함수 구한 모델을 이용하여 test data의 분류 성능을 확인한다.

```
t<-predict(k,newdata=test,type='class')
table(t,test$species)
t            setosa versicolor virginica
  setosa         17          0         0
  versicolor      0         15         1
  virginica       0          0        12
```

- 정확도는 (17+15+12)/45=97.7%

4 랜덤포레스트(Random Forest)

1) 랜덤포레스트 개념

- 랜덤포레스트는 의사결정나무에서 파생된 모델로 앙상블 학습기법을 적용한 모델이다.
- 앙상블 학습기법이란 새로운 데이터에 대해서 여러 개의 트리로 학습을 수행한 후 학습결과들을 종합해서 예측하는 모델이다.
- 특히 랜덤포레스트 방식은 기존의 의사결정나무 방식에 비해 많은 데이터를 이용하여 학습을 수행하기 때문에 비교적 예측력이 뛰어나고, 과적합(Overfitting) 문제를 해결할 수 있다. 과적합 문제는 학습 데이터셋은 높은 정확도를 나타내지만 검증용 데이터셋에서는 정확도가 떨어지는 현상을 의미한다. 원인은 데이터의 노이즈까지 모델에 학습되었기 때문이다.
- 랜덤포레스트는 다음과 같이 2가지 방법을 혼용하여 랜덤하게 학습데이터를 구성한다. 이렇게 구성된 학습데이터를 이용하여 학습한 결과를 종합하여 예측 모델을 생성한다. 즉 각 분류 모델에서 예측된 결과를 토대로 투표방식(Voting)으로 최적의 예측치를 선택하게 된다.

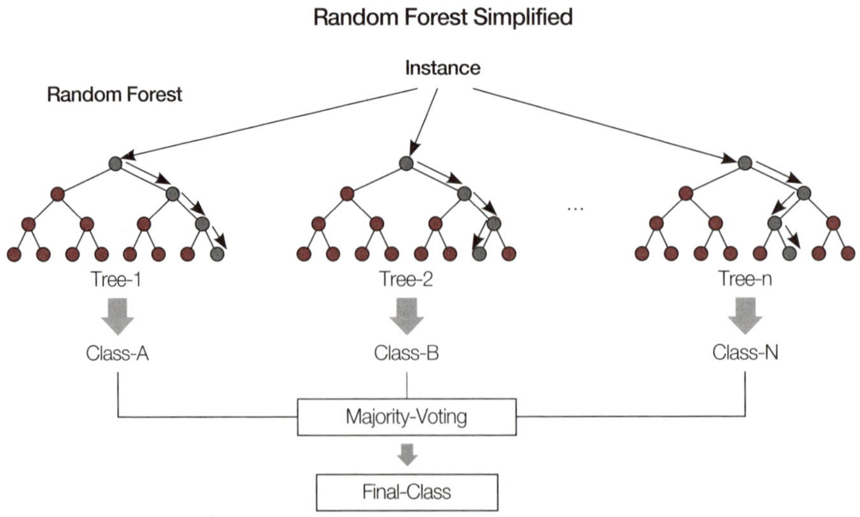

2) randomForest 패키지를 이용하여 iris data 분석

- randomForest 패키지에서 제공하는 randomForest() 함수를 이용하여 랜덤 포레스트의 기본 모델을 생성하는 방법에 대해서 알아본다.

① randomForest()함수

```
형식: randomForest(반응변수~ 설명변수, data,ntree,mtry,na.action,importance)
ntree(복원 추출하여 생성할 트리 수 지정)
mtry(자식 노드를 분류할 변수 수 지정)
na.action(결측치[NA]를 제거할 함수 지정)
importance(분류 모델 생성과정에서 중요 변수 정보 제공)
```

② 패키지 설치 및 로딩

```
install.packages("randomForest")
library(randomForest)
```

③ 데이터 로딩(Loading)

```
data(iris) # iris data를 불러온다.
colnames(iris)<-tolower(colnames(iris))# 분석 효율성을 위해 변수명 모두 소문자
변경한다.
"2) 데이터 분할편"의 train data와 test data를 이용한다.
```

④ randomForest() 함수 이용 모델 생성

```
library(randomForest)
m1<-randomForest(species~.,data=train)
m1
```

```
Call:
 randomForest(formula = species ~ ., data = train)
               Type of random forest: classification
                     Number of trees: 500
```

```
No. of variables tried at each split: 2

        OOB estimate of  error rate: 3.81%
Confusion matrix:
           setosa versicolor virginica class.error
setosa         33          0         0  0.00000000
versicolor      0         33         2  0.05714286
virginica       0          2         35  0.05405405
```

⑤ 해설

- iris의 train data의 species을 종속변수로, 나머지 4개를 독립변수로 지정하여 랜덤 포레스트 모델을 생성한다.
- "Number of trees: 500"은 train data로 500개의 의사결정나무 복원 추출 방식으로 생성되었다는 것을 의미한다.
- "No. of variables tried at each split: 2"는 2개의 변수를 이용하여 트리의 자식노드가 분류 되었다는 것을 의미한다.
- 모델의 분류 정확도는 오차 비율(error rate)이 3.81%로 정확도는 96.19%를 의미한다.
- 랜덤 포레스트 모델을 출력하면 모델 훈련에 사용되지 않은 데이터를 사용한 에러 추정치가 'OOB(Out of Bag) estimate of error rate' 항목으로 출력 된다.
- 랜덤 포레스트에는 트리갯수(ntree), 각 노드에서 가지를 칠 때 고려할 변수의 개수(mtree) 등의 파라미터가 있다. ntree를 10, 100, 200의 3개 값, mtry를 3, 4의 2개 값으로 바꿔보면서 모델의 성능을 평가하게 된다.

⑥ 중요변수 보기

- varImpPlot(m1)함수는 분류정확도를 개선하는데 기여한 변수를 수치로 제공한다.

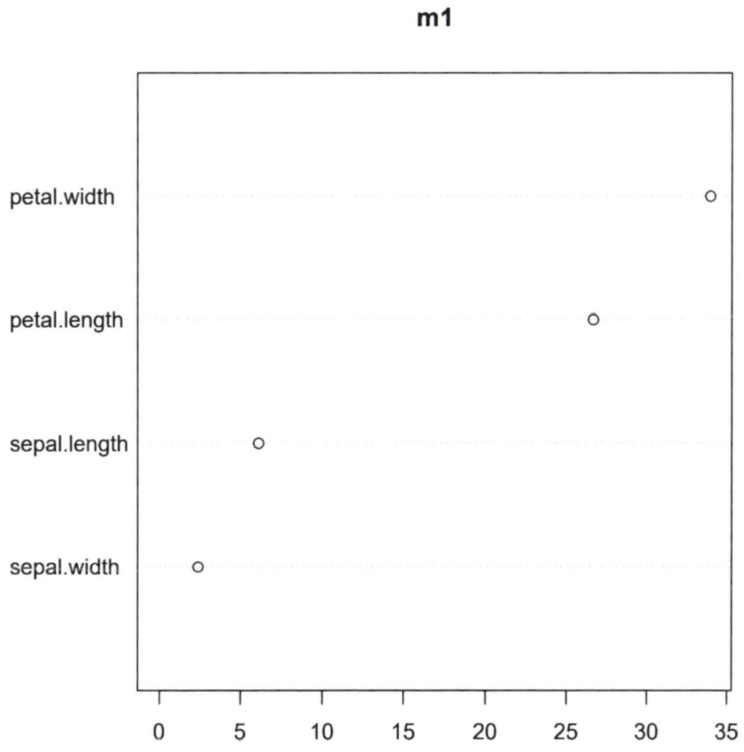

5 인공신경망(Artificial Neural Network)

1) 인공신경망의 개념

- 인공신경망은 인간의 두뇌 신경들이 상호작용하여 경험과 학습을 통해서 패턴을 발견하고, 이를 통해서 특정 사건을 일반화하거나 데이터를 분류하는데 이용되는 기계학습 방법이다.
- 특히 인간의 개입없이 컴퓨터가 스스로 인지하고, 추론, 판단하여 사물을 구분하거나 특정 상황의 미래를 예측하는데 이용될 수 있는 머신러닝 방법으로 적용분야는 문자, 음성, 이미지 인식, 날씨 예보 등 다양한 분야에서 활용되고 있다.
- 구글의 알파고(딥 러닝) 역시 인공 신경망의 이론을 바탕으로 하고 있다.

2) 인공신경망의 학습 알고리즘

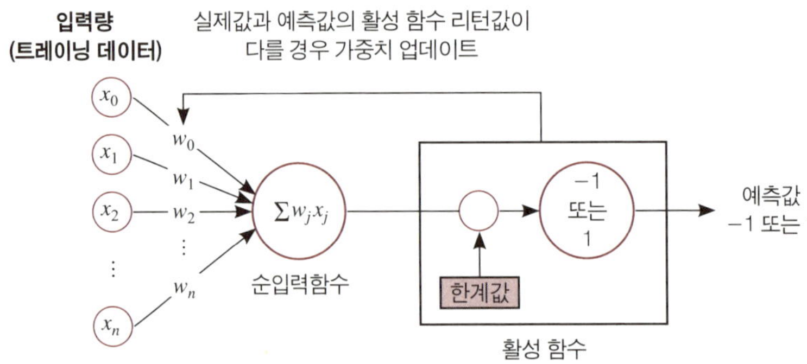

① 가중치와 바이어스 가중치를 −0.5~0.5 사이의 임의값으로 초기화

② 하나의 학습 벡터에 대한 출력층 뉴런의 net값을 계산

③ 활성함수를 통해 계산된 net값으로부터 뉴런의 실제 출력값을 계산

④ 뉴런의 실제값과 예측값의 차이가 발생하면 리턴하여 가중치를 업데이트 한다.

⑤ 뉴런의 실제값과 예측값이 차이가 없을 때까지 반복한다.

3) neuralnet 패키지를 이용하여 iris data 분석

① neuralnet()함수

```
형식: neuralnet(반응변수~ 설명변수,data,hidden,rep,learningrate)
hidden(은닉층 수 지정)
rep(반복회수)
learningrate(학습비율지정)
```

② 패키지 설치 및 로딩

```
install.packages("neuralnet")
library(neuralnet)
```

③ 데이터 로딩(Loading)

```
data(iris) # iris data를 불러온다.
colnames(iris)<-tolower(colnames(iris))# 분석 효율성을 위해 변수명 모두 소문자
변경한다.
```

```
"2) 데이터 분할편"의 train data와 test data를 이용한다.
```

④ 수치형으로 컬럼 생성

```
train$species2[train$species=='setosa']<-1
train$species2[train$species=='versicolor']<-2
train$species2[train$species=='virginica']<-3
train$species<-NULL  # 기존 칼럼 제거
head(train)
```

```
      sepal.length sepal.width petal.length petal.width   species2
6          5.4         3.9          1.7         0.4        1
71         5.9         3.2          4.8         1.8        2
115        5.8         2.8          5.1         2.4        3
86         6.0         3.4          4.5         1.6        2
48         4.6         3.2          1.4         0.2        1
145        6.7         3.3          5.7         2.5        3
```

⑤ 데이터 정규화

- 설명변수(독립변수)의 값을 0~1 사이로 데이터 변환

```
normal<-function(x){
  return((x-min(x))/(max(x)-min(x)))
}
train_nor<-as.data.frame(lapply(train,normal))
summary(train_nor)
```

```
sepal.length     sepal.width      petal.length      petal.width       species2
 Min.   :0.0000  Min.   :0.0000  Min.   :0.00000  Min.   :0.00000  Min.   :0.000
 1st Qu.:0.2286  1st Qu.:0.3333  1st Qu.:0.05263  1st Qu.:0.08333  1st Qu.:0.000
 Median :0.4286  Median :0.4167  Median :0.56140  Median :0.54167  Median :0.500
 Mean   :0.4283  Mean   :0.4516  Mean   :0.46132  Mean   :0.48175  Mean   :0.519
 3rd Qu.:0.6000  3rd Qu.:0.5833  3rd Qu.:0.68421  3rd Qu.:0.70833  3rd Qu.:1.000
 Max.   :1.0000  Max.   :1.0000  Max.   :1.00000  Max.   :1.00000  Max.   :1.000
```

- 0~1 사이의 범위로 칼럼값을 정규화할 수 있는 사용자 함수(normal)를 정의한다.

⑥ 인공신경망 모델 생성

```
m3<-neuralnet(species2~.,data=train_nor,hidden=1)
m3
plot(m3)
```

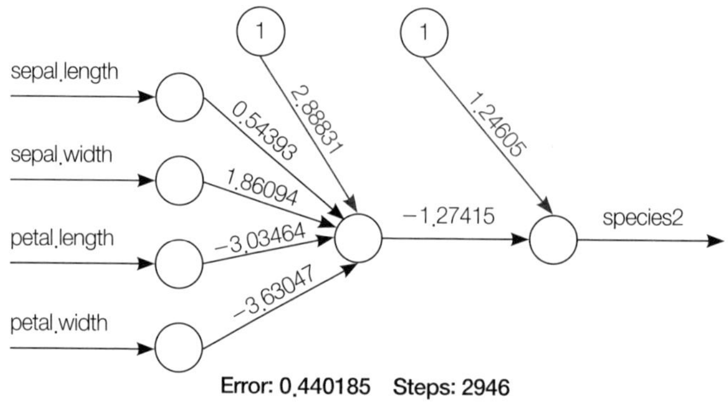

- 은닉층의 노드가 1개를 갖는 모델을 생성하고, plot()함수를 이용하여 결과를 시각화하면 인공신경망의 결과를 확인할 수 있다.
- 입력층에서 4개의 입력변수에 대한 가중치와 경계값 가중치가 은닉층으로 전달되고, 은닉층의 결과에 대한 가중치와 경계값 가중치가 출력층으로 전달되는 과정을 확인할 수 있다.

⑦ 분류 모델 성능 평가

```
m4<-compute(m3,train_nor[c(1:4)])
m4$net.result
```

- 모델의 정확도를 평가하기 위해 predict()함수 대신 compute() 함수를 이용하여 모델의 정확도를 평가한다.
- 모델의 예측치(m4$net.result)와 train_nor$species2 상관계수로 분류 정확도를 구할 수 있다.

```
cor(m4$net.result,train_nor$species2)
          [,1]
[1,] 0.9744664    #  인공신경망은 97.4% 분류 정확도를 나타내고 있다.
```

Part V

비정형데이터 분석

• 비정형데이터란 무엇일까요? 비정형데이터란 그림이나, 영상, 문서처럼 구조화되지 않는 데이터입니다.

• 일정한 규격이나 형태를 지닌 숫자 데이터와 다리 형태와 구조가 다른 데이터들을 말하는 것입니다.

• 비정형데이터는 책, 잡지, 문서, 의료기록과 같은 텍스트 정보, 음성정보, 영상정보와 같은 전통적인 데이터 외에 이메일, 트위터, 블로그처럼 모바일 기기와 온라인에서 생성되는 데이터가 있습니다.

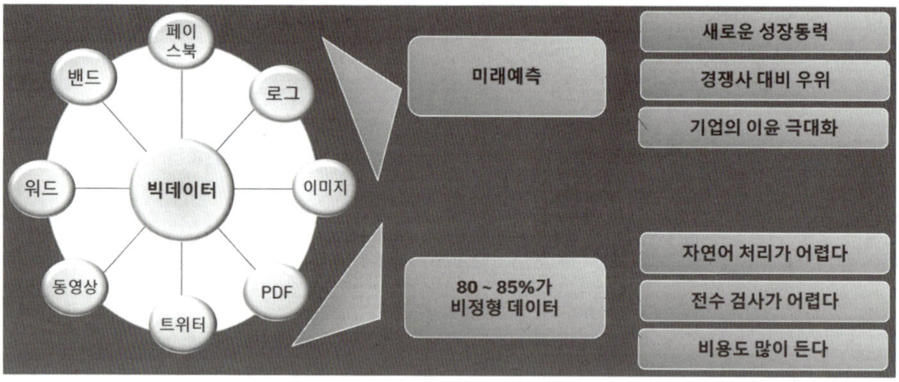

〈비정형데이터의 중요성〉

1 텍스트 마이닝

1) 텍스트 마이닝의 개요

• 텍스트 마이닝은 텍스트를 이용하여 패턴이나 관계를 추출하고 그 안에서 의미 있는 정보나 가치를 발굴하여 해석하는 일련의 과정을 통칭한다.

텍스트 마이닝은 다양한 포맷의 문서로부터 데이터를 획득해 이를 문서별 단어의 매트릭스로 만들어 추가 분석이나 데이터 마이닝 기법을 적용해 통찰을 얻거나 의사결정을 지원하는 방법이라 할 수 있다.

• 최근 많은 기업들은 트위터에서 자사 브랜드를 언급한 내용이나 자사 트위터 계정에서 고객들과 주고 받는 문장을 API로 읽어 들여 분석하고 있다. 사용자별·시간별로 어떠한 내용을 언급하는지, 긍정적·부정적인 말을 하고 있는지, 시간의 흐름에 따라

키워드의 변화가 어떻게 되는지, 캠페인 진행 전후에 고객들의 키워드에 변화가 있는지, 프로모션 전후효과가 있는지, 주로 어떤 집단의 고객들이 반응을 보이는지를 체크한다.

용어정리

API란

API는 Application Programming Interface의 줄임말로 어떠한 응용프로그램에서 데이터를 주고 받기 위한 방법을 의미한다. 오픈 API와 비공개 API로 나누어지며 특정 사이트에서 특정 데이터를 공유 할 경우 어떠한 방식으로 정보를 요청하고 받을 수 있는지에 대한 규격들을 API라고 부른다. 현재 구글,네이버,다음 등 웹 포털 싸이트에서 오픈 API를 운영하고 있다.

인터페이스(Interface)란

인터페이스란 말은 말 그대로 어떤 기계(장치)끼리의 정보를 교환하기 위한 수단이나 방법을 의미한다. 예를들어 우리는 TV를 켜기 위해 리모콘을 사용한다. 리모콘의 전원 버튼을 누름으로써 TV는 켜지거나 꺼지게 되는데 이는 사점에 TV와의 통신을 위해 리모콘에서 TV에 정의된 규격에 따라 어떤 신호를 보낼 수 있도록 만들어져 있기 때문이다. 이러한 신호를 주고 받기 위한 방법을 인터페이스라고 한다.

2) 텍스트 마이닝의 기본 프로세스

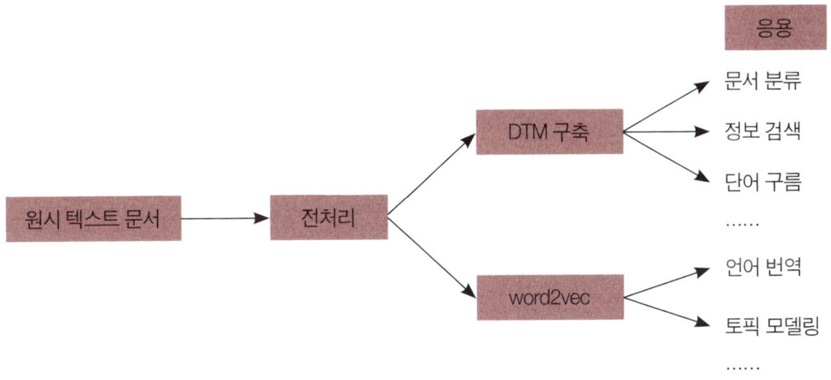

〈텍스트 분석 처리 프로세스〉

3) 트위터 텍스트 분석을 위한 오픈 API 수집방법

- 트위터에서 API를 사용하기 위해서는 트위터 개발자 사이트에 등록하고 접근하기 위한 정보를 생성해야 한다.

(1) 트위터 API용 정보 생성

- https://help.twitter.com/ko/create-twitter-account
- 트위터에 가입하기

(2) 트위터 개발자 계정 생성

- 트위터에 계정을 생성하였다면 트위터 개발자 사이트(https://apps.twitter.com)에 접근하여 개발자 계정을 생성한다.
- 앱 만들기→개발목적→기본정보→API 사용 계획 제출→작성내용 검토→약관동의→이메일 확인

① 앱 만들기

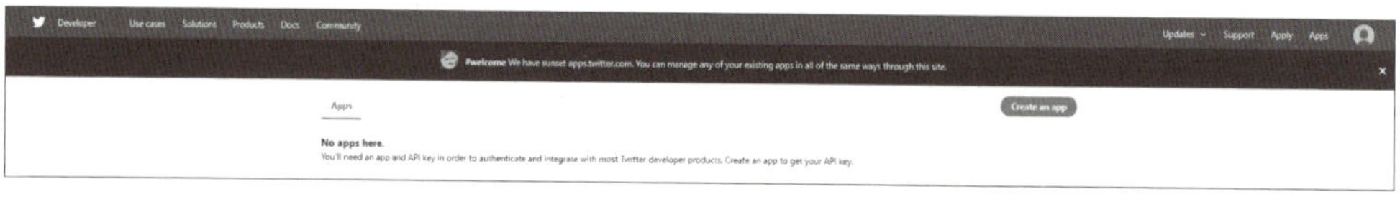

② 개발목적

- 개발목적을 묻는 문항이다. Academic→Student로 설정한다.

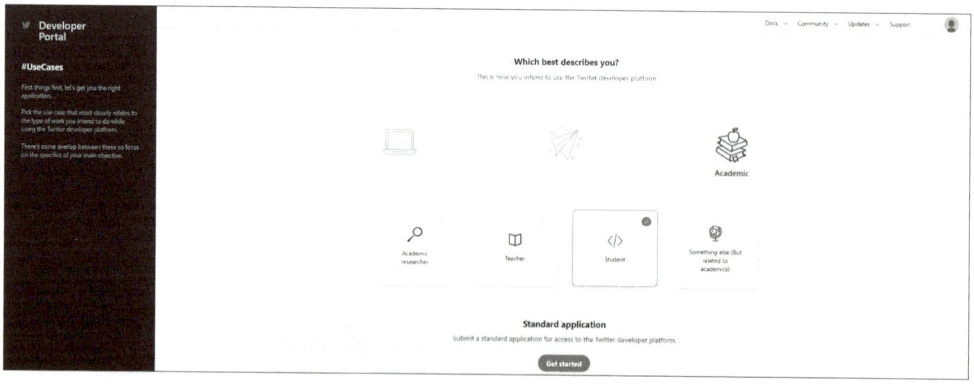

③ 기본정보

- Add email address를 통해 개인 이메일 인증을 받아야 한다.
- 닉네임, 국가, 코딩실력을 입력한다.

④ API 사용 계획 제출

- 개발자 계정을 생성하기 위해서는 API 사용 계획 제출서를 작성해야 한다. 영문으로 작성해야 되기 때문에 구글 크롬 번역을 이용해서 계획서를 제출한다.
- 밑의 세부사항은 모두 'No'로 설정하면 된다.

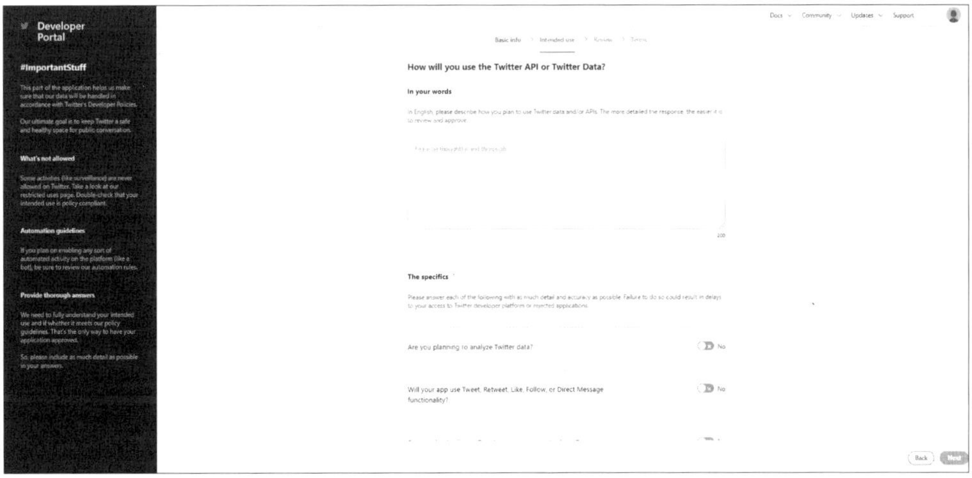

⑤ 작성내용 검토

• 작성사항을 검토하고 문제가 없으면 다음으로 넘어간다.

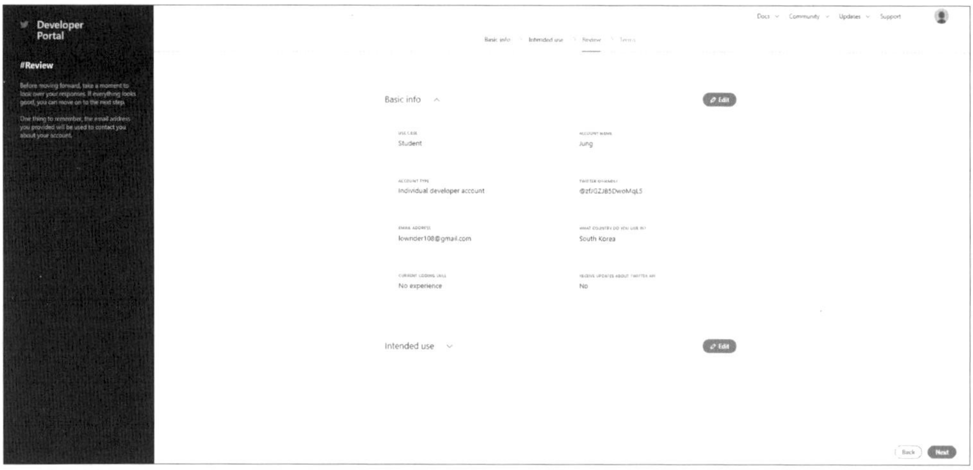

⑥ 약관동의

• 트위터에 대한 규정이나 정책위반 시 강퇴한다는 내용이다.

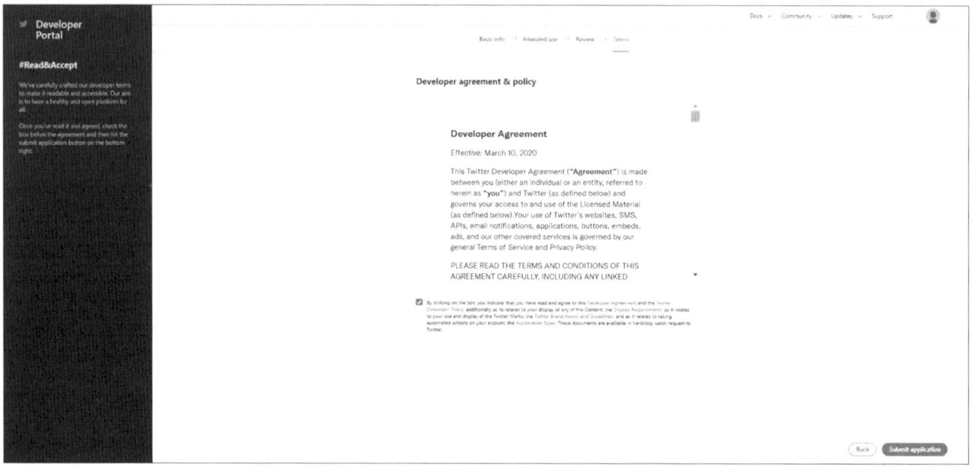

⑦ 이메일 확인

• 마지막으로 개인 이메일을 통해 확인을 선택 하면 최종적으로 가입이 완료된다.

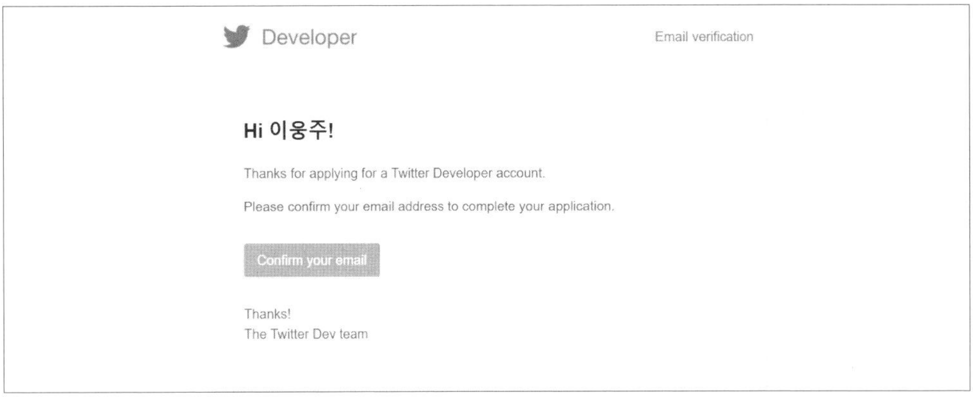

⑧ 트위터 개발자 계정을 생성 후 API를 사용할 수 있는 정보를 생성한다.

⑨ 계정을 생성하였다면 트위터 개발자 싸이트(https://apps.twitter.com)에 접근해서 API를 사용할 수 있는 정보를 생성한다.

- Developer Portal→Project&Apps→Stat Kye→Keys and tokens 경로를 통해 인증키를 받는다.
- apiKey=" ", apiSecret=" "**를 각각 생성한다.**

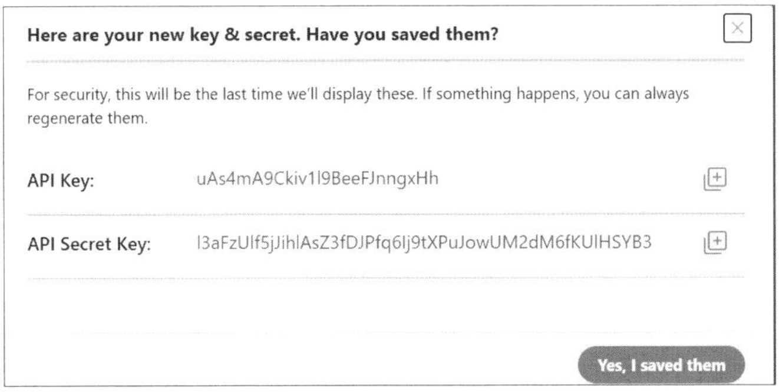

• accessToken="   ", accessTokenSecret="   " **각각 생성한다.**

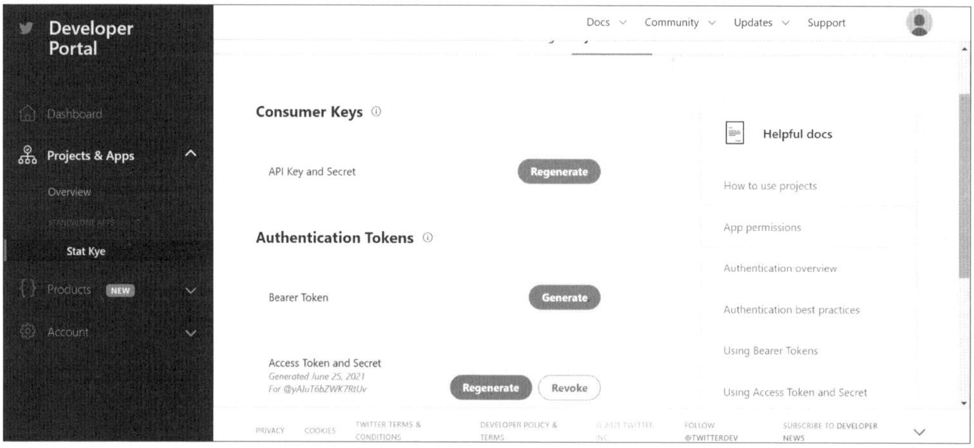

4) 트위터 분석

• 텍스트 마이닝의 프로세스튼 데이터의 내용에 따라 약간 상이하지만 기본적으로 R에서 텍스트 마이닝을 수행하는데 필요한 패키지인 {tm} 설치한다.

```
install.packages("tm")
library(tm)
install.packages("twitteR")
library(twitteR)
# 트위터 Developer (Twitter Developer Platform – Twitter Developers) 에 접속해서 개인 계정으로 로그인하고, 오른쪽 위의 Apply를 클릭하면 아래와 같은 인증키를 받을 수 있다.
apiKey="     "                    # 트위터에서 생성된 key,Token을 붙여넣기 한다.
apiSecret="     "
accessToken="     "
accessTokenSecret="      "
setup_twitter_oauth(apiKey,apiSecret,accessToken,accessTokenSecret)
# 실행결과 Rstudio 콘솔에서 다음과 문구가 보여야 한다.
[1] "Using direct authentication"
```

① 트위터에서 가장 최근(2021.06.25.) 이후의 메시지 중 'BTS'란 단어가 등장한 메시지를 수집한다.

• 키워드 설정은 BTS로 한다.

- 영문 트위터 메시지를 최대 1000개를 가져와 bigdata.tw에 저장한다.
- bigdata.tw 실행하면 콘솔에 1000개의 트위터 메시지를 가져온 것을 확인할 수 있다.

```
keyword<-'BTS'
bigdata.tw<-searchTwitter("BTS",n=1000,lang='en',resultType = "recent")
bigdata.tw
```

② 해당 트위터 내용을 이용해 화면의 스크린 정보를 가져온다. 즉 해당 메시지를 작성한 사람의 이름을 볼 수 있다.

```
bigdata.tw
tweet<-bigdata.tw[[1]]
[1] "melllkook"   # 첫 번째 트위터의 작성자의 이름을 확인할 수 있다.
```

③ 해당 트위터 내용으로 메시지의 텍스트를 가져온다.

```
tweet$getText()
[1] "RT @BIGHIT_MUSIC: &lt; Jin @ Photo Booth &gt;\n\n⍰ https://t.co/
aaedCl5NJ6\n⍰ 2021.07.09. 1PM (KST) | 12AM (ET)\n\n#BTS #방탄소년단 #BTS_
Butter https://t.c…"
```

④ list 형태로 되어 있는 bigdata.tw을 data frame 형태로 변환하여 bigdata.df에 저장하고, 다음과 같이 텍스트만 추출해 bigdata.text에 저장한다.

```
class(bigdata.tw)
bigdata.df<-twListToDF(bigdata.tw)
class(bigdata.df)
bigdata.text<-bigdata.df$text
```

⑤ 데이터 전처리 및 가공

- 데이터 전처리 및 가공은 수집된 데이터에 문장부호나 의미 없는 숫자와 단어, URL 등과 같이 분석을 하는데 있어 유의하게 사용되지 않는 부분을 제거하거나 변형하여 분석에 용이하게 텍스트를 가공하는 과정을 의미한다.
- 텍스트 마이닝 패키지인 [tm]에서 문서를 관리하는 기본 구조를 Corpus라 부르며, 이는 텍스트 문서들의 집합을 의미한다.

- 현재 만들어진 bigdata.text는 트위터 메시지에서 text 부분만 추출해 놓은 벡터 형태를 띄고 있으므로 VectorSource를 사용하면 된다.
- VectorSource를 통해 corpus를 생성하면 읽어진 1000개의 문서가 my.corpus에 저장된 것을 알 수 있다.

```
my.corpus<-Corpus(VectorSource(bigdata.text))
my.corpus

<<SimpleCorpus>>
Metadata:  corpus specific: 1, document level (indexed): 0
Content:  documents: 1000
```

⑥ tm_map() 함수의 적용

- [tm]패키지 내에서 Corpus의 형식을 가지는 데이터들의 변형(Transformation)을 위한 tm_map()이라는 함수가 있다.이 함수를 사용하면 Corpus 형식의 데이터에 일반적인 함수를 적용해서 전처리 등을 가공을 할 수 있다.
- tm패키지의 getTransformation() 실행하면 5개의 지정된 함수들이다. 이외의 함수들인 tolower,stemCompletion,gsub등은 tm_map()함수 내에서 5개의 지정 함수와는 다르게 사용한다.

  ① removeNumbers

  ② removePunctuation

  ③ removeWords

  ④ stemDocument

  ⑤ stripWhitespace

```
getTransformations()
my.corpus<-tm_map(my.corpus,stripWhitespace)# 빈공간을 제거한다.
my.corpus<-tm_map(my.corpus,content_transformer(gsub),pattern='@\\
S*',replacement='')# gsub함수는 @뒤에 있는 단어를 제거한다
my.corpus<-tm_map(my.corpus,content_transformer(gsub),pattern='http\\
S*',replacement="")# http 뒤에 있는 단어를 제거한다.
my.corpus<-tm_map(my.corpus,removePunctuation)# 문장부호,구두점 제거한다.
my.corpus<-tm_map(my.corpus,content_transformer(tolower))#모두 소문자로 변환
```

```
stopwords('en')
my.corpus<-tm_map(my.corpus,removeWords,stopwords('en'))
#stopword란 영어에서 제외되는 174개 단어를 의미 즉 이것을 제거한다.
mystopword<-c(stopwords('en'),'rt','via','even')# 추가적으로 rt,via,even 제거한다.
my.corpus<-tm_map(my.corpus,removeWords,mystopword)
```

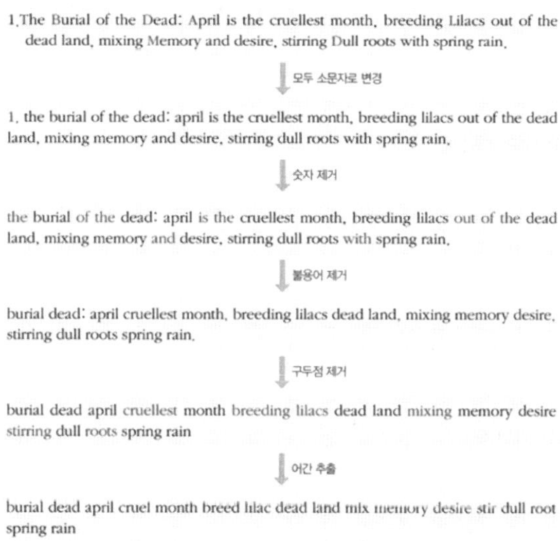

〈tm_map() 적용 사례〉

⑦ 단어들의 어간 추출을 위해 stemDocument를 실행한다.

```
install.packages("SnowballC")
library(SnowballC)
my.corpus<-tm_map(my.corpus,stemDocument)
my.corpus
```

⑧ TDM 구축

- TermDocumentMatrix() 함수를 실행하면 행은 각 단어를 나타내고, 열은 트위터 메시지를 나타내는 매트릭스(행렬)가 생성된다.
- dim() 함수를 통해 만들어진 TDM은 1000개의 트위터 메시지에서 총 1460개의 단어가 추출되어 1000개의 열을 가지는 형태임을 확인할 수 있다.

```
my.TDM<-TermDocumentMatrix(my.corpus)
dim(my.TDM)
[1] 1460 1000
```

⑨ 생성된 TDM에서 처음 10개 메시지의 55번째에서 60번째 단어의 분포를 확인한다.

- 여기에서 fandom이라는 단어가 10번째 문서에서 한 번 사용되었음을 확인할 수 있다.
- ambassador는 홍보대사란 의미로 이 당시 BTS가 특정 브랜드에 홍보대사로 위촉되었음을 알게 되었다.

```
inspect(my.TDM[55:60,1:10])
<<TermDocumentMatrix (terms: 6, documents: 10)>>
Non-/sparse entries: 3/57
Sparsity           : 95%
Maximal term length: 15
Weighting          : term frequency (tf)
Sample             :
                   Docs
Terms              1 10 2 3 4 5 6 7 8 9
  ambassador       0  0 0 0 0 0 0 0 0 0
  btsarmi          0  1 0 0 0 0 0 0 0 0
  fandom           0  1 0 0 0 0 0 0 0 0
  site             0  0 0 0 0 0 0 0 0 0
```

② 워드클라우드(Wordcloud)

- 문서에 포함되는 단어의 사용 빈도를 효과적으로 보여주기 위해 워드 클라우드를 이용한다.
- 실제 구글의 웹사이트에서 위키피디아에 있는 'data science'문서를 분석한다.
- R 코는 위키피디아에 접속하여 HTML 파일을 읽어 t라는 변수에 저장한 다음
- t로부터 <html></html><head></head>와 같은 태그를 제거한 문서를 만들어 준다
- RCurl 라이브러리는 웹 서버와 접속할 수 있게 도와주며, XML 라이브러리는 웹 문서를 처리하는 기능을 제공한다.

• readLines 함수는 지정된 URL에서 html 파일을 읽어오는 역할을 하며, htmlParse와 xpathSApply 함수는 웹 문서를 R의 데이터으로 변환해준다.

```
install.packages("RCurl")
library(RCurl)
install.packages("XML")
library(XML)
t<-readLines('https://en.wikipedia.org/wiki/Data_science')
d<-htmlParse(t,asText=TRUE)
clean_doc<-xpathSApply(d,"//p",xmlValue)
```

• 지금부터는 앞선 과정과 같은 함수등을 적용한다.
• tm 라이브러리는 여러 가지 유용한 텍스트 마이닝 함수를 제공한다.
• SnowballC 라이브러리는 어간을 추출하는 함수를 제공한다.

```
install.packages("RCurl")
library(RCurl)
install.packages("XML")
library(XML)
t<readLines("https://en.wikipedia.org/wiki/Data_science")
d<-htmlParse(t,asText=TRUE)
clean_doc<-xpathSApply(d,"//p",xmlValue)
install.packages("tm")
library(tm)
install.packages("SnowballC")
library(SnowballC)
doc<-Corpus(VectorSource(clean_doc))
inspect(doc)
doc<-tm_map(doc,content_transformer(tolower))
doc<-tm_map(doc,removeNumbers)
doc<-tm_map(doc,removeWords,stopwords('english'))
doc<-tm_map(doc,removePunctuation)
doc<-tm_map(doc,stripWhitespace)

dtm<-DocumentTermMatrix(doc)
dim(dtm)
inspect(dtm)
```

- 전처리를 마친 깨끗한 텍스트로부터 DTM을 구하는 DocumentTerm Matrix함수를 적용하는 코드는 다음과 같다.
- dim() 함수는 dim 변수의 행과 열의 개수를 보여주고, inspect() 함수는 상세 내용을 요약하여 보여준다.
- 실행결과에서 13개의 corpus 구성하고, 363개의 단어를 추출해서 행렬을 구축하였다.
- inspect() 함수는 중요한 문서 10개와 중요한 단어 10개만을 보여준다.
- 단어의 중요성은 발생 빈도로 결정한다.
- data와 science가 가장 중요하고, statistics가 그 뒤를 따른다는 것을 알 수 있다.
- 위키피디아는 계속 내용이 업데이트 되는 백과사전이므로 구체적인 수치는 분석 시점에 따라 다를 수 있다.

```
dtm<-DocumentTermMatrix(doc)
dim(dtm)
[1]  13 363
inspect(dtm)
<<DocumentTermMatrix (documents: 13, terms: 363)>>
Non-/sparse entries: 482/4237
Sparsity           : 90%
Maximal term length: 17
Weighting          : term frequency (tf)
Sample             :
    Terms
Docs big data field information knowledge learning name new science statistics
  10   0    2     0           0         0        0    0   0       1          0
  12   4    6     0           1         0        0    0   1       1          0
  13   0    2     0           0         0        1    0   0       2          0
   2   1    6     1           0         2        1    0   0       2          0
   3   0    6     0           3         1        0    0   0       9          2
   4   1   10     2           2         2        1    0   0       5          2
   5   0   11     2           0         0        0    1   1       8          8
   6   0    4     1           0         0        0    1   1       2          3
   7   0    5     0           0         0        0    2   2       4          2
   9   0    8     1           0         0        2    2   1       7          1
```

① Wordcloud 분석

- 위키피디아의 data science의 텍스트를 사용한다.
- as.matrix 함수를 이용하여 DTM 행렬로 변환한다.
- sort 함수를 이용하여 빈도가 높은 순서로 단어를 정렬한 다음, 데이터 프레임으로 변환하고 wordcloud 함수를 적용한다.
- max.words=100은 빈도가 높은 상위 100개 단어를 보여준다.
- rot.per=0.35는 세로로 배치한 단어의 비율을 35%로 고정한다.
- 빈도가 가장 높은 단어는 data가 가장 큰 폰트로 중앙에 배치되고 있다.

```
install.packages("wordcloud")
library(wordcloud)
m<-as.matrix(dtm)
v<-sort(colSums(m),decreasing = TRUE)
d<-data.frame(word=names(v),freq=v)
wordcloud(words=d$word,freq=d$freq,min.freq=1,max.words = 100,random.order
= FALSE,rot.per = 0.35)
```

② 빈도로 시각화 하기

- findFreqTerms 함수는 단어를 빈도에 따라 보여준다.

• lowfreq=12로 설정하여 발생빈도가 12 이상인 단어만 보여준다.

• 빈도에 따라 단어를 나열한 막대그래프를 확인할 수 있다.

```
findFreqTerms(dtm,lowfreq = 12)
barplot(d[1:10,]$freq,las=2,names.arg=d[1:10,]$word,col='lightblue',
        main='발생빈도 상위단어',ylab='단어빈도')
```

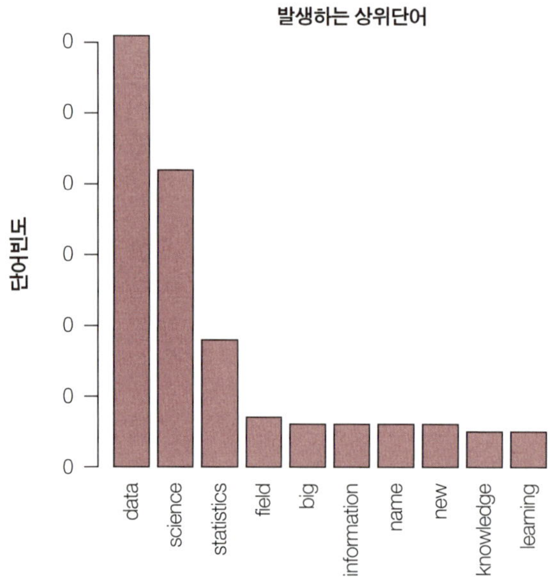

③ 사회연결망 분석(Social Network Analysis, SNA)

• 개인과 집단들 간의 관계를 노드와 링크로서 모델링해 그것의 위상구조와 확산 및 진화과정을 계량적으로 분석하는 방법론이다.

• 사회연결망에 대한 개념은 Jacob Mareno가 처음으로 [sociometry]에 발표했다.

1) 사회연결망 분석 기법

• 사회연결망 연구에서 많이 활용되고 있는 기법은 중심성(Centrality), 밀도(Density), 중심화(Centralization)이 있다. 이 중 중심성(Centrality) 방법에는 4가지가 있다.

① 연결정도 중심성(Degree Centrality)

• 한 노드에 직접적으로 연결된 노드들의 합으로 얻어진다.한 노드에 얼마나 많은 노

용어정리

사회연결망 분석

- 노드란 분석하고자 하는 객체로서, 사람이나 사물 등을 말하는 것다. 그리고 이 노드들의 관계를 나타내는, 즉 연결하는 것을 링크라고 하며 링크는, 단순히 노드A와 노드B를 연결만한 무방향성이 될 수도 있고,혹은 노드A에서 노드B로의 방향성을 가질 수도 있다.
- 노드에 연결된 링크의 수를 밀도 혹은 Degree 라고 한다. 노드에 링크가 5개가 연결돼 있 으면 이 노드의 Degree는 5가 되는 것

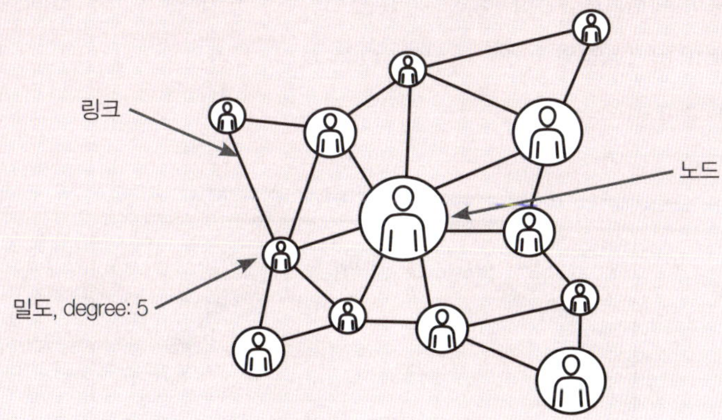

드들이 관계를 맺고 있는지를 기준으로, 그 노드가 중심에 위치하는 정도를 계량화한 것이다. 연결정도 중심성은 한 노드의 중심성을 측정하는 방법이다. 연결된 노드의 수가 많을수록 연결정도 중심성이 높아진다.

② 매개 중심성(Betweenness Centrality)

- 네트워크 내에서 한 노드가 담당하는 매개자 혹은 중재자 역할의 정도로 중심성을 측정하는 방법이다. 예를 브로커를 생각하자 이 경우 브로커는 매개중심성이 높다고 할 수 있다. 매개중심성은 각 네트워크 간 비교를 위해 상대적 매개 중심성이 사용된다.

③ 근접중심성(Closeness Centrality)

- 각 노드 간의 거리를 근거로 중심성을 측정하는 방법으로, 연결정도 중심성과는 달리 간접적으로 연결된 모든 노드 간의 거리를 합산해 중심을 측정한다. 가장 짧은 경로로 모든 사람을 알게 되는 것이 근접 중심성이다. 근접중심성이 높을수록 네트워크의 중앙에 위치하게 된다.

④ 위세 중심성(Eigenvector centrality)

- 연결된 노드의 중요성에 가중치를 둬 노드의 중심성을 측정하는 방법이다. 여기서는 위세가 높은 사람들과 관계가 많을수록 자신의 위세 또한 높아진다. 위세 중심성의 일반적인 형태는 보나시치 권력지수로 불려며, 자신의 연결정도 중심성으로부터 발생하는 영향력과 자신과 연결된 타인의 영향력을 합해 위세 중심성을 결정한다.

2) SNA 활용 및 해석

- 소셜 네트워크는 네트워크를 구성하여, 몇 개의 집단으로 구성되는지, 집단 간의 특징을 무엇이고 해당집단에서 영향력 있는 고객은 누구인지, 시간의 흐름과 고객 상태의 변화에 따라 다음에 누가 영향을 받는지를 기반으로 사기탐지,상품추천, 가입자 예측등에 활용될 수 있다.

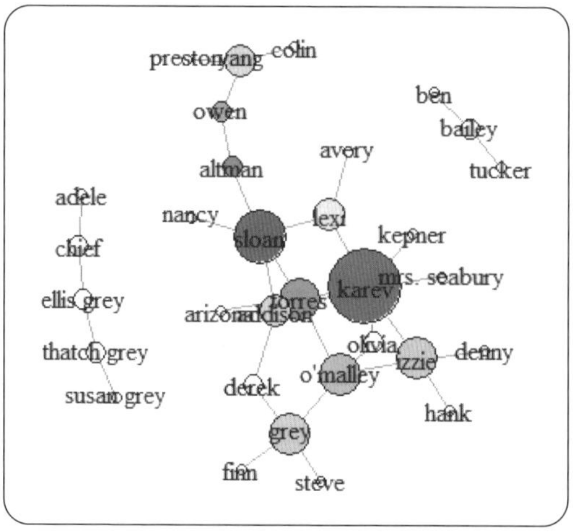

〈SNA 시각화〉

- 이웃한 노드는 서로 관련이 높은 집단임을 나타낸다.
- 소셜 네트워크에서 그래프에서 이러한 집단을 커뮤니티(Community)라고 하며, 각 노드는 커뮤니티에서 역할(Role)이 정의된다.
- 예를 들어 자신의 커뮤니티와 다른 커뮤니티에 모두 연결이 많은 것을 **유력자**(influencer), 여러 노드와 연결된 것은 **리더 지위**(leader position), 커뮤니티와 커뮤니티를 연결하는 데 사용되는 노드는 **브릿지**(bridge) **역할**을 하는 노드이다.

- 커뮤니티 끝단에 있는 노드로서 다양한 노드와 연결되지 않은 것은 passive **하다고 정의한다**.
- 만약 단어가 아니라 고객으로 생각한다면, **유력자**, **지역리더**, **브릿지 순으로 소셜 마켓팅을 해야 효과적이다**.

3) 'BTS' 키워드를 이용한 SNA 분석

- 각 단어들의 빈도수를 계산하여 빈도수가 20인 이상인 단어들만 추출한다.
- 그 다음 문서에서 해당 단어가 사용된 횟수를 기준으로 사용 여부를 판단하여 1번 이상이면 1, 아니면 0값으로 반환한다.
- 각 단어들을 행과 열에 대칭으로 배치하기 위해 transpose를 위한 함수를 사용해 변환한다.
- SNA 시각화를 위한 igraph 패키지를 설치하고 로드한다.
- termMatrix 데이터를 이용해 그래프를 생성한다.
- 그래프의 방향성은 단어의 연관성과 상관이 없으므로 undirected로 변환하도록 조건을 주어 실행한다.
- simplify() 함수는 loop나 multiple edge를 제거해서 단순하게 해준다.
- 소셜네트워크에서 해당 노드 또는 점이 몇 개의 노드와 연결되어 있는지를 나타내는 연결 정도를 생성한다.

```
my.TDM<-TermDocumentMatrix(my.corpus)
dim(my.TDM)
my.TDM.m<-as.matrix(my.TDM)
term.freq<-sort(rowSums(my.TDM.m),decreasing=TRUE)
head(term.freq,15)
dim(my.TDM.m)
my.Term<-my.TDM.m[rownames(my.TDM.m)%in% names(term.freq[term.freq>20]),]
my.Term[1:10,995:1000]
my.Term[my.Term>=1]<-1
my.Term[1:10,995:1000]
termMatrix<-my.Term%*%t(my.Term)
termMatrix[1:5,1:5]
install.packages("igraph")
library(igraph)
```

```
g<-graph.adjacency(termMatrix,weight=TRUE,mode='undirected')
g<-simplify(g)
V(g)$label<-V(g)$name
V(g)$degree<-degree(g)
plot(g)
```

- SNA 시각화 결과는 다음과 같다. 특이한 점은 중앙에 인도네시아란 키워드가 등장했다는 것이다.
- BTS와 무슨 관련성이 있는지를 알아보기 위해 인터넷 검색창을 통해 연관성을 알아보았다.
- 결과적으로 인도네시아의 맥도**에서 'BTS' 메뉴세트가 출시가 되어 엄청난 인기를 얻고 있음을 확인할 수 있었다.
- 아래는 BTS와 인도네시아(Indonesia) 관련된 신문 스크랩이다.

  "10일 인도네시아 현지 매체들에 따르면 전날 맥도가 방탄소년단(BTS)과 손잡고 내놓은 세트메뉴'를 한정 판매하자 주문을 받은 고객, 그랩 배달 기사들이 물밀듯이 몰려들었다."**
- 또한 BTS의 팬덤인 armi, 버터라는 신곡등이 주요 키워드로 등장함을 알 수 있다.

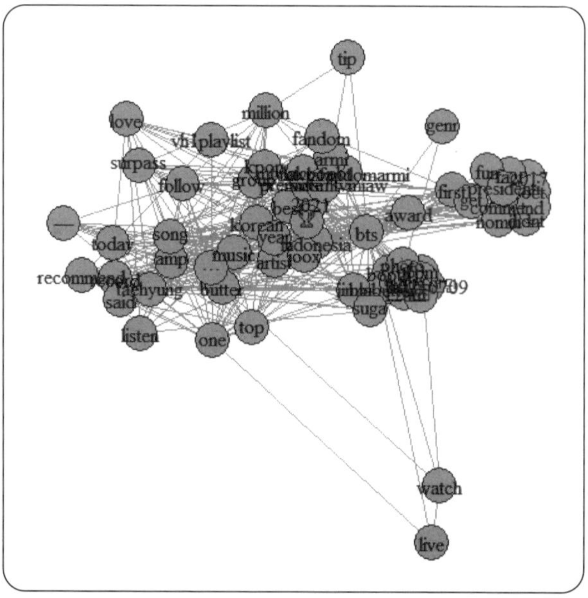

〈BTS와 관련된 트위터 SNA 시각화〉

Part VI

데이터 시각화 기법과 이해

1 데이터 시각화의 중요성

- 빅데이터의 가장 큰 특징은 텍스트와 이미지가 비정형성을 갖고 있고, 규모뿐만 아니라 빠르게 전파되기 때문에 중요한 패턴을 찾기가 쉽지 않은 특징을 갖고 있다는 것이다.
- 유용한 정보의 증가만큼 불필요한 정보도 급증하고 있어 방대한 데이터 속에서 의미를 찾아내고 분석하는 일이 중요해졌다.
- 구글의 수석 경제학자인 할 배리언(Hal Varian)이 앞으로 10년간 가장 중요한 능력은 '데이터를 얻는 능력, 처리하는 능력, 가치를 뽑아내는 능력, 시각화하는 능력, 전달하는 능력이 될 것' 이라고 말한 것도 같은 맥락이라 할 수 있다.
- 빅데이터는 단순한 선형적 구조의 방식으로 설명하기에는 한계가 있기 때문에 최근 주목받는 것이 데이터 시각화(Data Visualization)이다.
- 빅데이터를 바탕으로 한 시각화는 빠른 의사결정을 내릴 수 있게 해주는 수단으로 정보화 시대에 얼마나 민감하게 필요한 정보를 얻어내고 이를 적절하게 활용하느냐가 기업의 사활을 결정할 만큼 중요한 이슈가 되었다.
- 빅데이터의 시각화는 2가지 목적이 있다. 즉 데이터분석과 의사소통이다. 데이터 시각화는 스토리를 발견하고 이해하는 데 강력한 도구로서 역할을 한다.

1) 시각화 인사이트 프로세스의 의미

- 데이터 시각화는 그 자체가 목적이 아니며 결국 데이터로부터 유용한 정보와 인사이트를 얻어내기 위한 과정이다.
- '시각화 인사이트 프로세스는'는 시각화를 통해 통찰을 추출하는 전체 과정을 의미한다.

(1) 통찰과 인사이트(insight)의 사전적 정의

① 통찰

- 예리한 관찰력으로 사물을 훤히 꿰뚫어 봄.
- [심리]새로운 사태에 직면했을 때, 과거의 경험에 의존하지 않고 과제와 관련시켜 전체 상 황을 다시 파악함으로써 과제를 해결하는 것. 문제 해결이나 학습의 한 원리이다.

② 인사이트(Insight)

- Insight is the understanding of a specific cause and effect in a specific context. The term insight can have several related meanings:
- a piece of information

③ 공통점

- '통찰'과 insight에서 일치하는 부분은 '정보, 인과관계, 본질, 이해' 등이다.

(2) 시각화 인사이트 프로세스 과정

① 1단계: 탐색

- 대부분의 경우에서 통찰은 탐색부터 시작한다. 탐색 단계에서 가장 중요한 것은 모든 가능성을 열어두는 것이다. 특정한 방향 중심으로 탐색하면 의도한 관계를 파악할 수 있을지는 모르지만, 숨은 다른 관계들을 놓칠 수 있다.
- 탐색 단계에서는 주어진 데이터의 기본적인 설정에 따라 이미 결정된 관계를 찾아내야 할 뿐만 아니라, 앞 장에서 살펴본 다양한 시각화 기법을 이용해 데이터를 다양한 방법으로 조작함으로써 잘 보이지 않던 관계를 찾아내야 한다.
- 탐색 과정에서 찾아낸 1차 관계들은 다음 단계에서 구체적인 분석 대상이 된다. 탐색 과정에서 찾아낸 관계의 양상에 따라 분석할 관계의 범위와 우선 순위를 결정하게 된다.
- 통찰과정 전체에 대한 목표가 명확하게 주어진 경우에도 탐색에서 찾아낸 의미에 따라 목표를 적절히 조정할 필요가 있다.

② 2단계: 분석

- 분석은 탐색을 통해 찾아낸 관계들을 보다 구체적으로 살펴보면서 관계의 형태를 명확하게 규명하고, 그 형태가 지니는 의미를 찾아내는 과정이다.
- 예를 들면 출산이 1% 늘어남에 따라 1년에 인구가 몇 명이나 증가하는지에 대한 구체적인 관계를 찾거나, 출산과 인구 증가 관계를 보다 잘 설명하는 요인을 찾아내는 등이 작업이 바로 분석이다.
- 분석에서 가장 중요한 사항은 분석의 방향성이나 검증해야 할 명제, 또는 찾아내야 할 모델링(함수)이나 지표의 개요가 명확해야 한다는 것이다.
- 분석단계에서는 정성적 기법 외에도 수치분석과 같은 정량적 기법을 많이 사용한다.

- 탐색에 사용되는 시각화 도구들은 관계의 개괄적인 패턴을 찾는 데에 도움을 주고, 분석에 사용되는 시각화 도구들은 관계를 구체적으로 모델링하고 조정하는 데에 도움을 준다.

③ 3단계: 활용

- 실제로 활용함으로써 그 통찰이 얼마나 의미가 있고 그 가치를 인정받을 수 있는지 검증할 수 있으며, 부족하거나 부적절한 부분들에 대해 다시 탐색과 분석 과정을 거쳐서 보완할 수 있다.
- 인사이트 활용은 인사이트르 이용하는 대상에 따라 내부활용(특정한 원리나 모델을 서비스나 제품의 구동원리에 직접 반영)과 외부 활용(도출한 통찰을 다른 사람에게 설명하거나 설득하는 경우)으로 구분된다.
- 통찰과 도출하는 데에 사용한 시각화 도구들이 탐색과 분석의 효과 및 효율성에 집중돼 있다면, 그것을 전달하는 시각화 도구들은 수용자의 이해와 행동의 동기 부여에 집중된다.
- 수용자 입장에서는 통찰의 도출 과정에서 사용된 다양한 도구보다 메시지가 얼마나 쉽고 타당한지에 관심을 갖기에 메시지의 스토리텔링이 매우 중요하다. 스토리텔링에 최적화된 시각화 도구로서 인포그래픽이 있다.
- 탐색, 분석, 활용은 하나의 완결된 인사이트 프로세스이지만, 활용과정에서 받은 피드백을 통해 새로운 탐색이 시작될 수 있다.

2 정보시각화

- 대부분의 시각화 도구에서는 다양한 차트와 그래프를 지원하고 있다. 이러한 차트와 그래프를 분석의 내용을 반영하기 위해 어떤 방식으로 써야 하는지 그 쓰임새를 익히고, 적절한 데이터와 정보 시각화를 하기 위한 수단으로 사용해야 한다.

〈정보 시각화 방법〉

시간 시각화	분포 시각화	관계 시각화	비교 시각화	공간시각화
• 막대그래프 • 누적막대그래프 • 점그래프	• 파이차트 • 도우넛차트 • 트리맵 • 누적연속그래프	• 스캐터플롯 • 버블챠트 • 히스토그램	• 히트맵 • 체르노프페이스 • 스타챠트 • 평행좌표계 • 다차원척도법	• 지도매핑

1) 시간 시각화

- 시간에 따른 데이터는 변화를 표현하며, 시계열 데이터의 가장 특징적인 요소는 트렌드(trend), 즉 경향성으로 장기간에 걸쳐 진행되는 변화 또는 트렌드를 추적하는데 주로 사용된다.
- 시간 데이터는 분절형과 연속형으로 나눌 수 있으며, 분절형은 데이터의 특정 시점 또는 특정 시간 구간 값으로 나타낸다. 기온 변화 같은 데이터는 연속형이다.

① 막대그래프

- 가로는 시간 순서대로 정렬된 시간의 특징 시점을 나타낸다. 세로는 그래프의 크기 범위를 나타낸다. 수치를 길이로 표현해 절대값을 갖는 동일한 폭의 막대를 동일한 간격으로 배치함으로써 여러 값의 상대적인 차이를 한눈에 알아볼 수 있다.
- 막대 값들의 차이가 미미하거나 표시할 값의 수가 많은 경우에는 막대들을 비교하기가 쉽지 않다. 이 경우 시각적 차이를 강조하기 위해 막대에 다양한 색상을 적용할 수 있는데, 이때 색상은 특정 상태나 범위 따위를 나타낸다.
- 모든 막대가 동일한 범위나 상태에 있는 경우에는 색상이 불필요하고, 색상의 일관성을 유지하거나 아예 색상을 사용하지 않는 것이 오히려 시각적으로 도움이 된다.

② 누적 막대 그래프

- 누적 막대그래프의 구성은 일반적인 막대그래프와 거의 비슷하다. 단 하나의 차이점이라면 한 구간에 해당하는 막대가 누적된다는 점 뿐이다.

③ 점그래프

- 점그래프는 면적을 표시할 필요가 없기 때문에 더 적은 공간에 그릴 수 있고, 한 점에서 다른 점으로 변하는 점의 집중 정도와 배치에 따라 흐름을 파악하기 쉽다.
- 일반적으로 두 변수의 연관 관계를 보여줄 때 많이 쓰인다.

  ④ 연속형 데이터: 연결된 점·선그래프
- 연속 시계열 그래프는 점그래프와 거의 같은데, 점 사이를 선으로 연결한다는 점만 다른다.
- 선으로 표현되는 연속적인 데이터가 끊임없이 변화하는 현상의 추이를 볼 수 있으며, 변수의 변화를 명확히 표시할 필요가 있거나 트렌딩 또는 변화율 정보가 중요한 경우 선그래프를 사용할 수 있다.
- 주의할 점은 데이터 포인트가 존재한다는 이유만으로 선그래플 선택해서는 안된다.
- 이 경우에는 사용하는 데이터 포인트의 수에 따라 가장 적합한 시각 자료를 결정해야 한다.

2) 분포 시각화

① 원그래프

- 원 그래프를 분석에 사용할 때 발생할 수 있는 문제점은 크기가 비슷하지만, 서로 인접해 있지 않은 파이의 조각들을 제대로 비교하기가 어렵다는 것이다. 이러한 이유 때문에 원그래프는 데이터 분석에는 거의 사용하지 않는다.
- 그래도 굳이 사용한다면 최대한 구성요소를 제한하고 내용을 설명하기 위한 텍스트와 퍼센티지를 포함시키는 것이 좋다.
- 원그래프는 분포의 정도를 총합 100%로 나타내서 부분간의 관계를 보여주며, 면적으로 값(수치)을 나타낼 수 있으며, 원 조각의 각도는 데이터 값을 전체 360도 비례하는 각도로 표현할 수 있다.

② 도넛차트

- 도넛차트는 원그래프와 마찬가지로 수치를 각도로 표시한다. 그러나 원그래프와 달리 중심부를 잘라내 도넛 모양으로 보인다는 점이 다르다.
- 중심의 구멍 때문에 조각에 해당하는 수치는 조각의 면적이 아닌 길이로 표시한다.

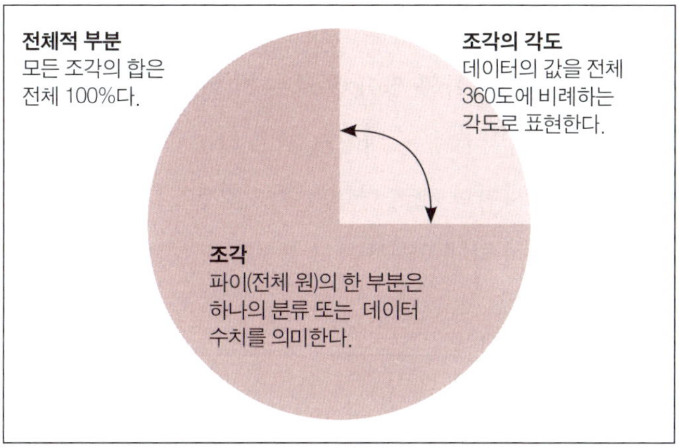

〈도넛차트〉

③ 트리맵

- 트리맵은 영역기반의 시각화로, 각 사각형의 크기가 수치를 나타낸다. 한 사각형을 포함하고 있는 바깥의 영역은 그 사각형의 포함된 대 분류를, 내부의 사각형은 내부적인 세부 분류를 의미한다.
- 트리맵은 단순 분류별 분포 시각화에도 쓸 수 있지만, 위계 구조가 있는 데이터나 트리구조의 데이터를 표시할 때 활용된다.

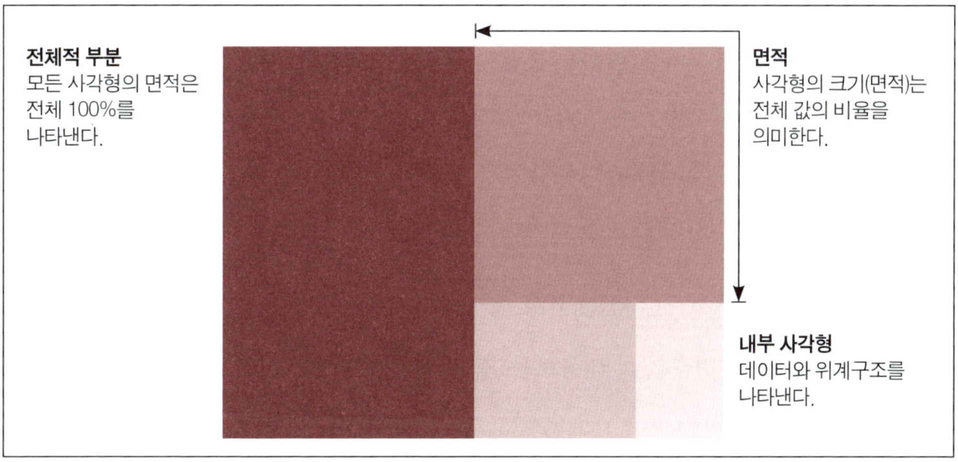

〈트리맵〉

④ 누적 연속 그래프

- 몇 개의 시계열 그래프를 차곡차곡 쌓아 올려 그려 빈 공간을 채워가는 것
- 가로축은 시간을 나타내면 세로축은 데이터 값을 나타냄
- 누적 영역그래프에서 한 시점의 세로 단면을 가져오면 그 시점의 분포를 볼 수 있음
- 시간에 따른 연속적인 누적 막대그래프라고 볼 수도 있음

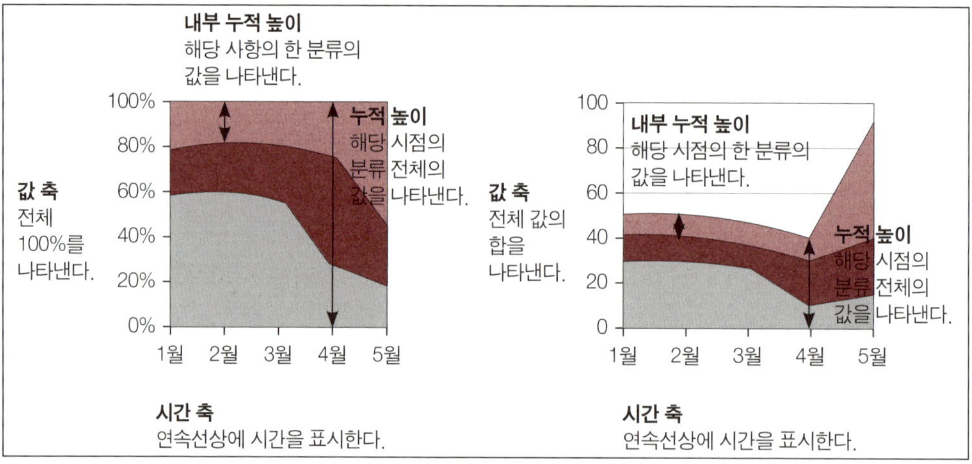

〈누적 연속 그래프 예〉

3) 관계 시각화

- 상관관계를 알면 한 수치의 변화를 통해 다른 수치의 변화를 예측 가능
- 관계 시각화는 스캐터 플롯과 멀티플 스캐터 플롯이 사용
- 스캐터플롯은 시각적인 변화나 두 변수의 관계를 알아볼 때 활용할 수 있다.

① 산점도

- 스태터 플롯 또는 산점도는 두 데이터 항목의 공통변이를 나타내는 2차원 도표다.
- 가로축과 세로축의 변수값에 대응하는 점을 좌표에 배치하면 그 상관관계를 확인할 수 있다.
- 점들이 오른쪽 위로 올라가는 추세가 보인다면 양의 상관관계, 점이 오른쪽 아래로 떨어지며 추세라면 음의 상관관계가 있는 것이다. 만약 점의 패턴이 보이지 않는다면 두 변수는 상관관계가 없다.

- 산점도는 포인트가 많을 때 특히 유용한 반면, 데이터 포인트의 수가 적은 경우에는 오히려 막대그래프나 일반 표가 정보를 제대로 표시하는 데 효과적일 수 있다.

② 버블차트

- 버블차트는 세 가지 요소의 상관관계를 표현할 수 있는 방법으로, 가로축의 변수와 세로축은 변수, 버블의 크기로 변수를 나타낸다.
- 버블차트는 수십 또는 수백개의 값을 갖거나 값들이 몇 자릿수씩 차이가 나는 데이터 세트에 유용하다.
- 특정 값들을 다양한 크기의 버블로 시각적으로 표현하고자 할 때도 이 방식을 사용 가능하다.
- 버블차트를 보는 사람들은 원의 면적을 보는 것이 아니라, 원의 지름을 갖고 판단하는 경향이 있다. 대표적인 사례로 한스 로슬링의 갭 마인터가 있다.

③ 히스토그램

- 왼쪽으로 치우친 모양이라면 데이터가 전체 범위에서 수치가 낮은 쪽에 몰려있고, 오른쪽에 치우쳐 있다면 높은 쪽에 몰려있음을 의미한다.
- 막대의 높이는 빈도를 나타내고 폭은 의미가 거의 없다.
- 가로축 세로축은 연속적이다.

4) 비교 시각화

① 히트맵

- 히트맵은 시각화 기법에서 가장 많이 유용하게 쓰이는 그래프 중 하나이다.
- 한 칸의 색생으로 데이터 값을 표현한다.
- 히트맵을 읽는 방법은 표를 읽는 방법과 같다. 하나의 대상에 해당하는 한 행을 왼쪽에서 오른쪽으로 보면서 모든 변수를 파악할 수도 있고, 하나의 변수에 대응하는 한 열을 위에서 아래로 읽을 수도 있다.
- 데이터가 지나치게 많을 경우엔 더 혼란스러울 수 있으니 적당한 색상을 선택하고 약간의 정렬 과정을 거쳐야 한다.

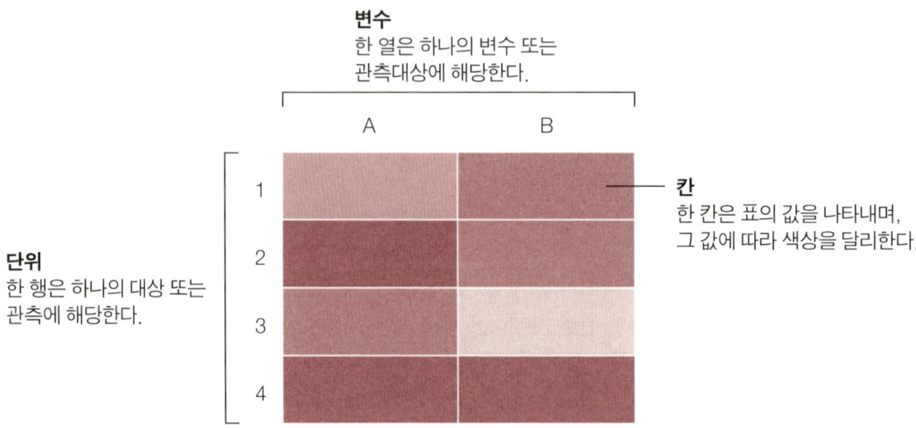

〈히트맵〉

② 체르노프 페이스

- 체르노프페이스(Cernoff face)는 데이터를 사람의 얼굴 이미지로 표현하는 방법이다.
- 얼굴의 가로너비, 세로높이, 눈, 코, 입, 귀 등 각 부위를 변수로 대체
- 데이터의 개별적인 부분에 집중해 그리는 것이 가능
- 엄밀한 의미의 데이터 그래픽에는 포함되지 않으며, 보통 사람들에게 혼란을 줄 우려도 있다.

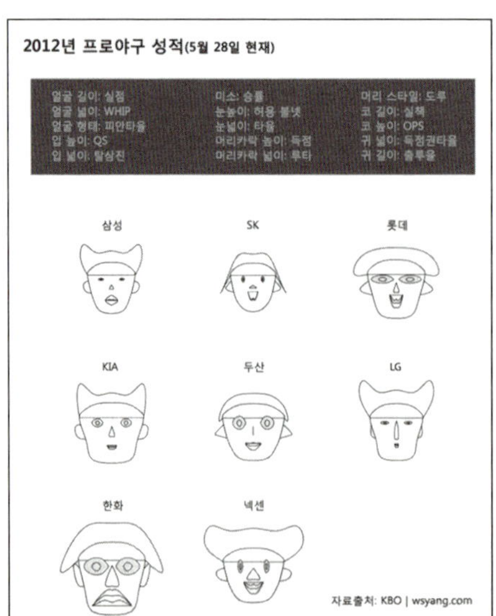

〈 체르노프 페이스 예〉

③ 스타차트

- 모양 때문에 거미줄 차트 또는 방사형 차트라고도 한다.
- 중앙에서 외부 링까지 이어지는 몇 개의 축을 그리고, 전체 공간에서 하나의 변수마다 축 위의 중앙으로부터의 거리로 수치를 나타낸다.
- 각 변수를 라인위에 표시한 지점을 연결해 연결선을 그리면 그 결과는 별 모양의 도형으로 나타낸다.

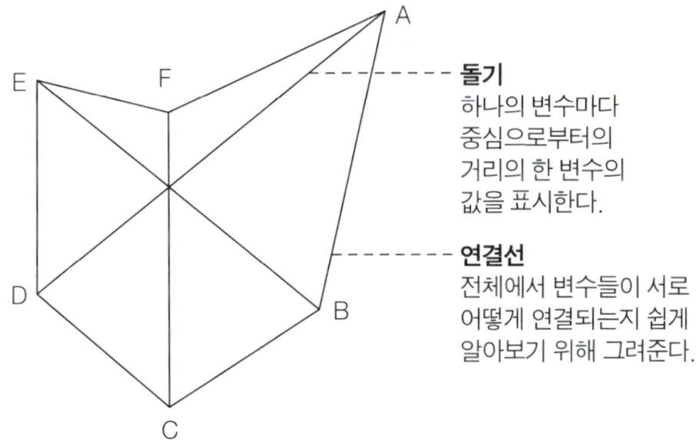

〈스타챠드〉

④ 평행좌표계

- 대상이 많은 데이터에서 집단적인 경향성을 쉽게 알아볼 수 있게 해준다.
- 여러 축을 평행으로 배치하고, 한 축에서 윗부분은 변수 갑 범위의 최대값을 아래로는 변수 값 범위의 최소값을 나타낸다.
- 측정 대상은 변수 값에 따라 위아래로 이어지는 연결선으로 그려진다.

3 R을 이용한 시각화 구현

1) ggplot2 패키지 소개

- Hadley Wickham 교수가 만든 ggplot2패키지는 R에서 매우 중요한 패키지이다.
- ggplot() 함수는 크게 ggplot()+geom_point()+theme_wsj() 3가지 함수로 구성된다.

- '+'로 연결되어 있어 구분하기 쉽고 각각 객체에 담아 사용할 수 있어 관리가 쉽다.
- ggplot()은 x,y,colour 등 그래프 요소에 매핑하는 일을 한다. 우리는 이것을 미적매핑요소(aesthetic mappling)이라고 부르고 에스테틱의 약자 aes() 정의한다.
- geom() 함수는 aes() 선택이 되면 그래프를 그리는 함수 geom() 함수를 사용한다.
- geom_point(),geom_line(),geom_histogram()등이 있고, 이런 함수를 geometric object 즉 기하객체라고 한다.

(1) XY 그래프

- XY 그래프는 데이터 집합에 대한 두 변수의 값을 표시하는 데 사용됩니다. 다이어그램의 두 변수 사이의 상관 관계와 추세가 그래프의 X 축과 Y 축에 그려지는대로 직접 볼 수 있있다.

```
install.packages("ggplot2")
library(ggplot2)
data("ChickWeight")
head(ChickWeight)
ggplot(ChickWeight,aes(x=Time,y=weight,colour=Diet,group=Chick))+geom_line()
```

스크립트 설명

- ChickWeight 데이터에 x축은 Time, y축은 weight 변수로, 그래프 라인색은 Diet로 각각 지정한다.
- 결과를 보면 먹이별로 체중 변화를 보여주지만, 어느 먹이(Diet)가 효율적인지는 알기는 어렵다.

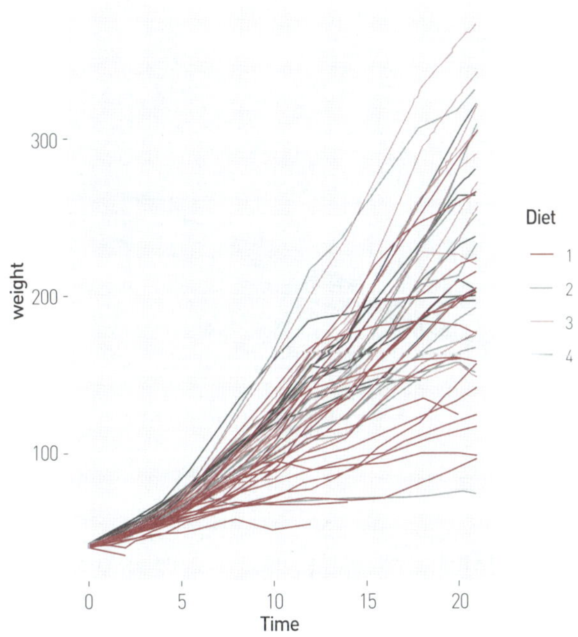


```
ggplot(ChickWeight,aes(x=Time,y=weight,colour=Diet))+
geom_point(alpha=0.3)+geom_smooth(alpha=0.2,size=1)
```

스크립트 설명

- 먹이에 따라 산점도를 geom_point로 투명도와 사이즈를 지정해 표시하고, geom_smooth로 배경 색상의 투명도와 평균값 선의 굵기를 조정했다. 어느 먹이가(Diet) 더 효율적인지 한 눈에 파악할 수 있다.

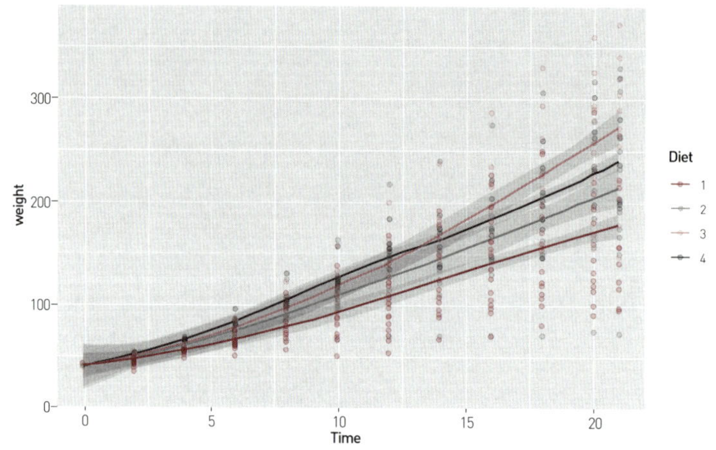

(2) 히스토그램

- Time이 21인 경우에 먹이에 따라 weight 분포를 구분해 보여주는 것이다.
- weight가 어느 구간에 걸쳐 있는지, 분포 차이가 있는지를 파악 할 수 있다.
- 아래 시각화에서 닭의 무게가 전체적으로 가장 무겁게 나온 3번 먹이 투여 방법이 가장 효율적이라는 결론을 낼 수 있다.

```
ggplot(subset(ChickWeight,Time==21),aes(x=weight,colour=Diet))+geom_density()
```

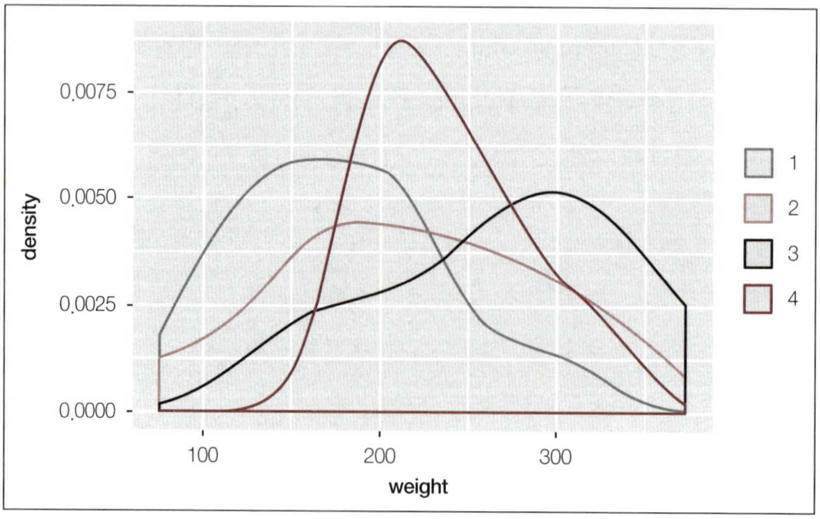

분포가 연속적인 값이고 선으로 돼 있어서 내용을 파악하기 어렵거나 분류 유형이 많은 경우 히스토그램을 이용할 수 있다.

```
ggplot(subset(ChickWeight,Time==21),aes(x=weight,fill=Diet))+
  geom_histogram(colour='black',binwidth = 50)+facet_grid(Diet~.)
```

- binwidth는 구간의 weight 간격을 50으로 한다는 뜻이다.
- facet_grid(Diet~.)로 지정하면 시각화가 위에 그림처럼 가로로 나온 것을 확인할 수 있다.
- 이를 세로로 바꿔주려면 facet_grid(.~Diet)로 지정하면 된다.
- 주의점은 Diet 명목변수(1~4) 형태로 시각화 된다는 것을 기억하자.
- 위의 시각화 그림은 밀도(density)보다 히스토그램이 먹이 투여별 무게 차이를 분명하게 보여주고 있다.

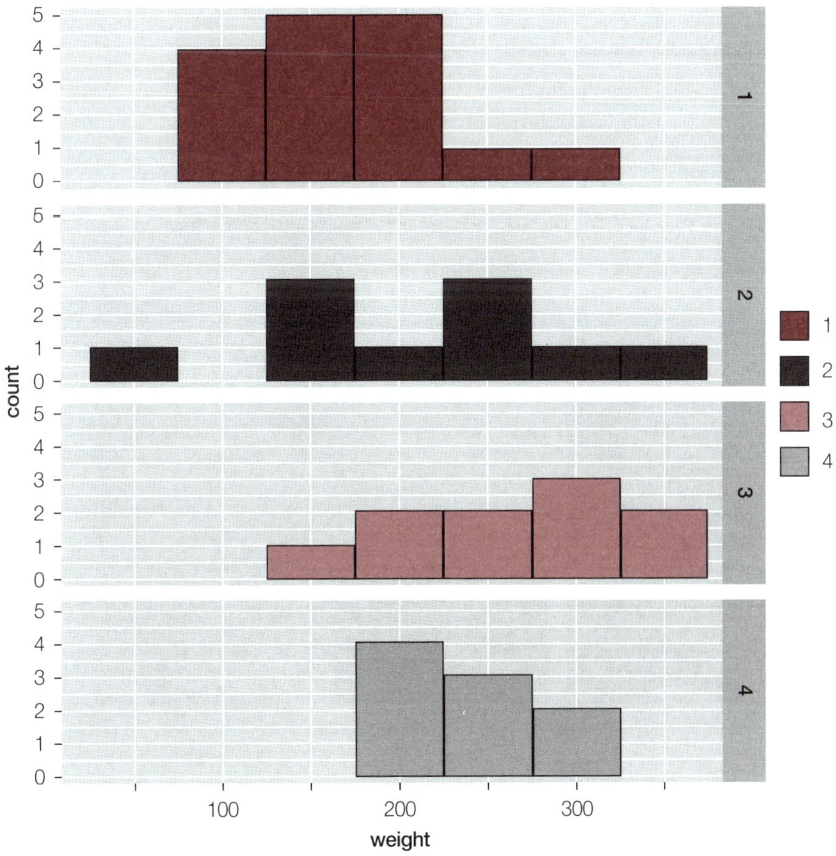

(3) 막대그래프

- mtcars dataset을 **이용하여 막대그래프를 작성한다.**

c<−ggplot(mtcars,aes(factor(cyl)))

c+geom_bar()

x 축을 cyl y축은 count로 하는 막대그래프가 작성된다.

c+geom_bar(fill="red")

내부색상을 바꾸고 싶으면 fill을 이용한다.

c+geom_bar(colour="red")

테두리 색상은 colour 지정하면 된다.

c+geom_bar(fill="white",colour="red")

위위 두 옵션을 조합해 두 가지를 지정할 수 있다.

k<−ggplot(mtcars,aes(factor(cyl),fill=factor(vs)))

k+geom_bar()

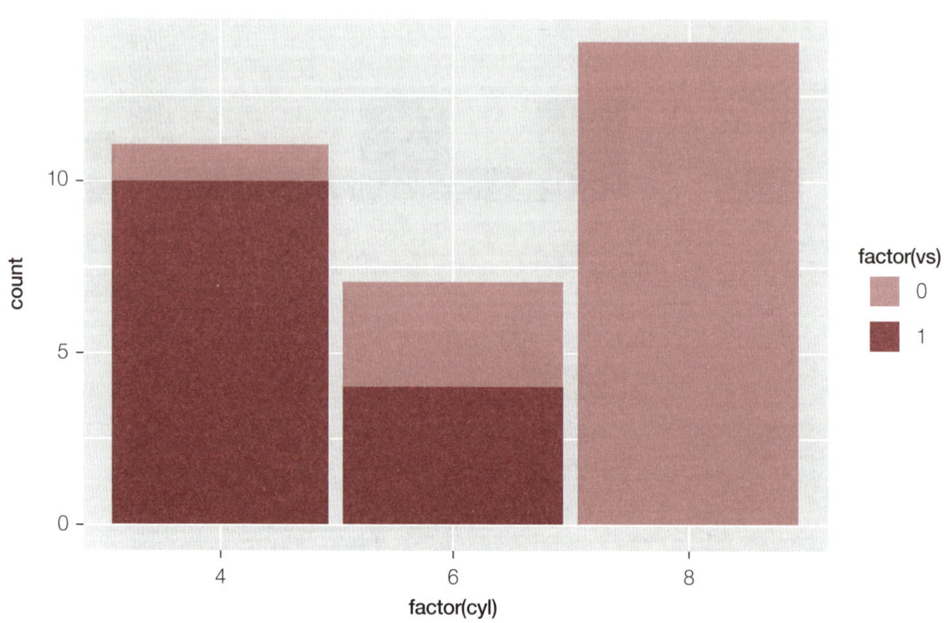

2) 시각화를 통한 데이터의 직관적 이해

(1) 시각화 데이터 gapminder data의 구성 항목

열 변수명	변수형	내용
country	142개 레벨의 범주형	국가명
continent	5개 레벨의 범주형	국가가 속한 대륙
year	int	1952~2007(5년단위)
lifeExp	num	기대수명
pop	int	인구
gdpPercap	num	1인당 국내총생산

```
install.packages("dplyr")
library(dplyr)
install.packages("gapminder")
library(gapminder)
head(gapminder)
country      continent  year lifeExp       pop gdpPercap
  <fct>        <fct>     <int>   <dbl>     <int>     <dbl>
1 Afghanistan Asia        1952    28.8   8425333      779.
2 Afghanistan Asia        1957    30.3   9240934      821.
3 Afghanistan Asia        1962    32.0 10267083       853.
4 Afghanistan Asia        1967    34.0 11537966       836.
5 Afghanistan Asia        1972    36.1 13079460       740.
6 Afghanistan Asia        1977    38.4 14880372       786.
```

• ggplot(gapminder,aes(x=gdpPercap,y=lifeExp,col=continent))+geom_point()+scale_x_log10()

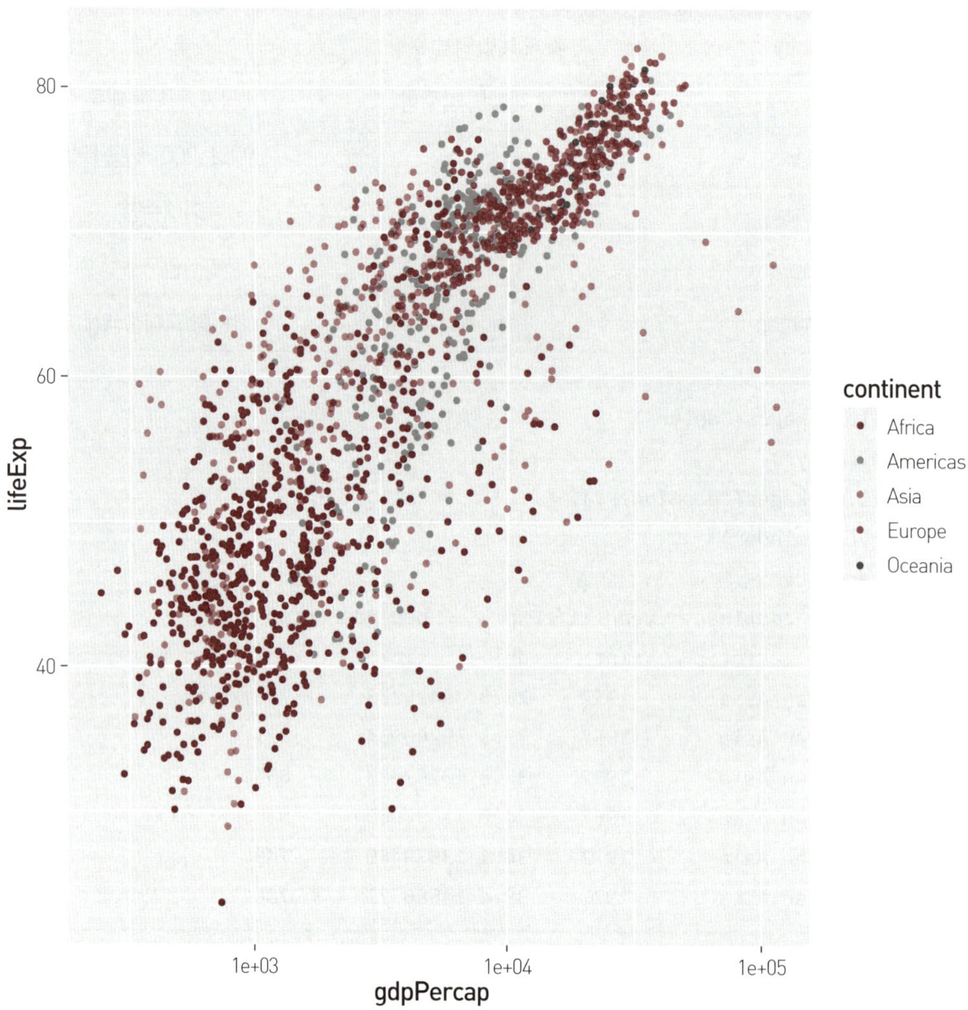

- ggplot(gapminder,aes(x=gdpPercap,y=lifeExp,col=continent,size=pop))+geom_point()+scale_x_log10()
- size=pop을 추가함으로써 플롯마커의 크기가 각 국가의 인구에 비례하도록 지정할 수 있다.

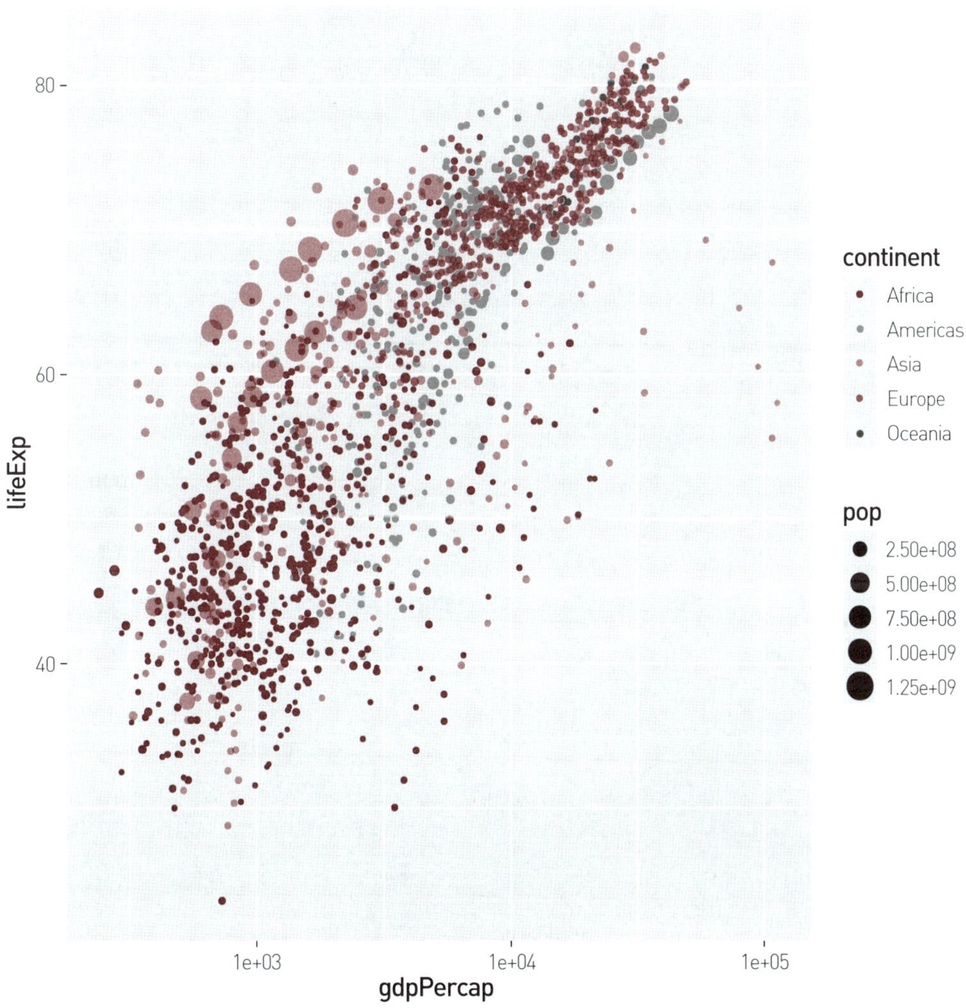

- ggplot(gapminder,aes(x=gdpPercap,y=lifeExp,col=continent,size=pop))+geom_point(alpha=0.5)+scale_x_log10()+facet_wrap(~year)
- facet_wrap(~year) 사용하여 연도별 시각화를 구현할 수 있다.

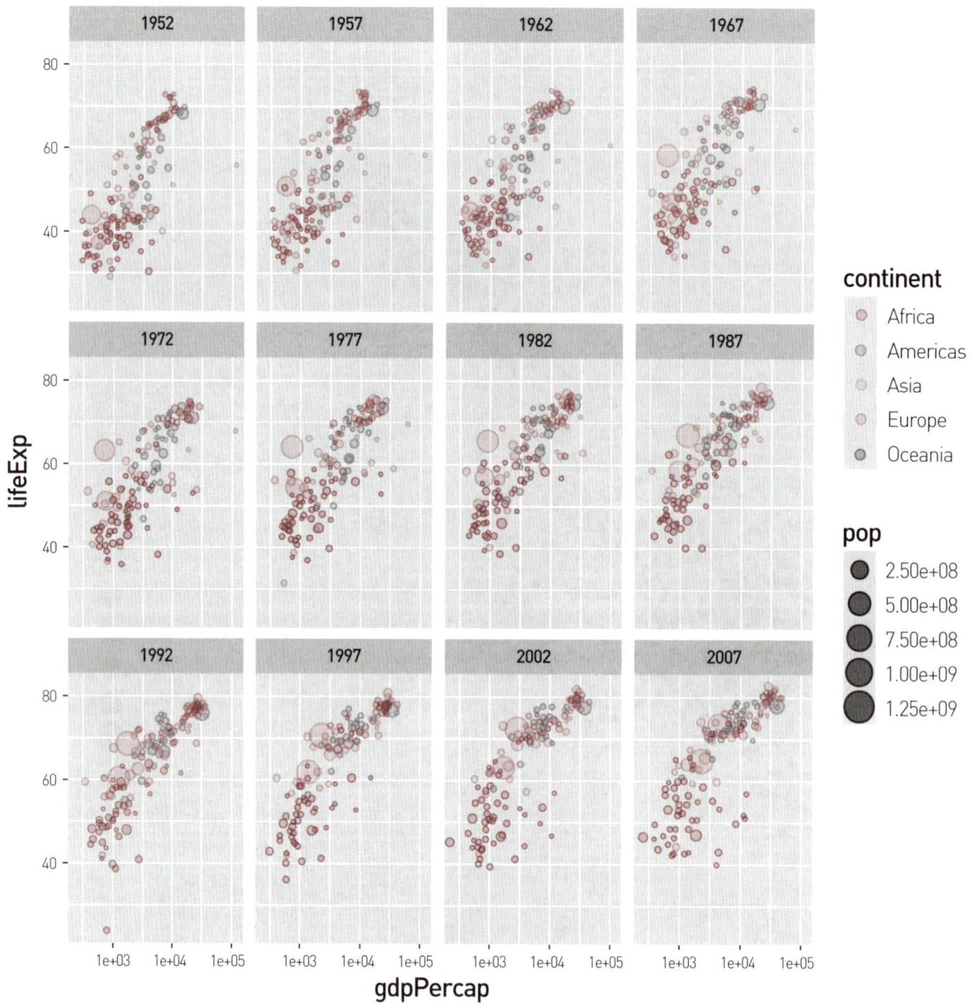

부록 1

R의 설치

1. R 설치

R은 통계 분석, 데이터 시각화, 보고서 작성 등에 탁월한 도구다. 그 유용성은 R이 사용되는 영역이 아주 넓다는 데서도 증명된다. 우리 회사만 하더라도 은행, 선거, 기술 스타트업, 요식업, 국제 개발 원조 기관, 병원, 부동산 개발 회사 등을 위한 R 프로젝트들을 진행한 경험이 있다. 이외에도 온라인 광고, 보험, 생태학, 유전학, 제약 등의 분야에서 사용된다. 통계학자들은 고급 머신 러닝 훈련에 R을 사용하고, 다른 언어에 익숙한 프로그래머들도 R을 사용하며 고급 데이터 분석이 아니더라도 엑셀에 지친 사람이 이를 대신해 사용한다.

R을 사용하려면 다운로드해 컴퓨터에 설치해야 하는데, 일반적인 프로그램 설치 과정보다 그다지 더 복잡한 것은 없다.

1.1 R 다운로드하기

R을 사용하기 위해 가장 먼저 할 일은 컴퓨터에 R을 설치하는 것이다. R은 C++ 같은 언어와 달리 별도의 설치가 필요하다. R 프로그램은 보통 CRAN(크랜이라고 읽는다)이라 불리는 'the Comprehensive R Archieve Network' 사이트에서 쉽게 다운로드할 수 있다. 여기에서 R을 유지 관리하며, 웹 사이트는 http://cran.r-project.org이다. 웹 페이지 상단에 윈도우, 맥 OS X, 리눅스에 대한 R 프로그래밍 다운로드 링크가 있다.

윈도우와 맥 OS X 운영체제에 대해서는 미리 빌드된 설치 파일이 존재하는 반면, 리눅스의 경우에는 소스를 갖고 직접 컴파일해야 한다. 이들 플랫폼에 R을 설치하는 것은 다른 프로그램을 설치하는 것과 다를 바 없다.

윈도우 사용자는 "Download R for Windows"라는 링크를 클릭한 후 "base"를 클릭하고, 그다음 "Download R 3.xxx for Window"를 클릭한다. 여기서 'x'는 R 버전을 말한다. 이 버전은 R이 개선되면서 계속 수정된다.

1.2 R 버전

이 책의 1판을 내던 당시 R 버전은 3.0.1이었는데, 이후 많이 개선됐다. 이 글을 쓰는 시점의 R 버전은 3.4.0이다. CRAN은 1년에 한 번 버전의 중간 숫자를 증가시키는 정책을 갖고 있다. 이를테면 2015년에는 3.2.0이었다가 2016년에는 3.3.0, 2017년에는

3.4.0이 출시됐다. 버전 번호에서 마지막 번호는 마이너 업데이트를 의미한다.

대부분의 R은 기능적인 면에서 이전 버전들과 대부분 잘 호환된다.

1.3 32비트 대 64비트

32비트를 사용할 것인지, 64비트를 사용할 것인지 결정하는 문제는 사용하는 컴퓨터가 64비트를 지원하는지(요즘 컴퓨터의 대부분은 이를 지원한다)와 사용되는 데이터의 크기에 따른다. 64비트 버전은 메모리(또는 RAM)의 크기에 제한 없이 접근이 가능하므로 가능하면 이것을 사용한다.

특히 이것은 R 3.0.0부터 중요해졌는데, 이 버전부터 64비트 정수형을 지원하기 시작했기 때문이다. 이 말은 더 큰 데이터를 R 객체로 저장할 수 있음을 의미한다.

예전에 어떤 패키지들은 32비트 R을 꼭 필요로 할 때가 있었지만 현재는 매우 드물다. 현재 32비트 버전의 역할은 과거 분석 코드를 사용하거나 인텔 저전력 아톰 칩 등과 같은 32비트 프로세서를 사용하는 컴퓨터에서 R을 사용할 수 있도록 하는 데 그치고 있다.

1.4 설치

윈도우나 맥에서 R설치는 다른 프로그램들을 설치하는 방법과 같다.

1.4.1 윈도우에서 설치하기

먼저 다운로드 설치 파일을 찾는다. 그림 1.1과 같을 것이다.

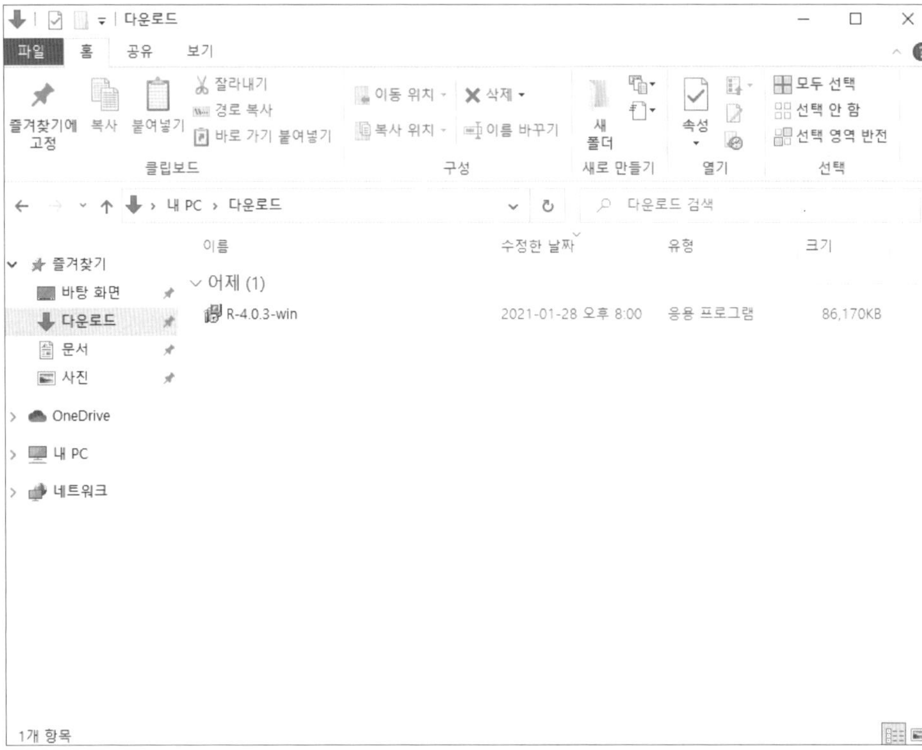

그림 1.1　R 설치기를 찾는다.

R은 관리자 계정을 갖고 설치할 필요가 있다. 그래서 설치 파일에 오른쪽 마우스를 클릭한 후 "Run as Administrator"를 선택한다. 그러면 관리자 비밀번호를 입력하라는 프롬프트가 나타난다.

첫 대화상자는 그림 1.2와 같은데, 여기서 사용할 언어를 선택한다. 디폴트는 영어로 돼 있다. 언어를 선택하고 OK 버튼을 클릭한다.

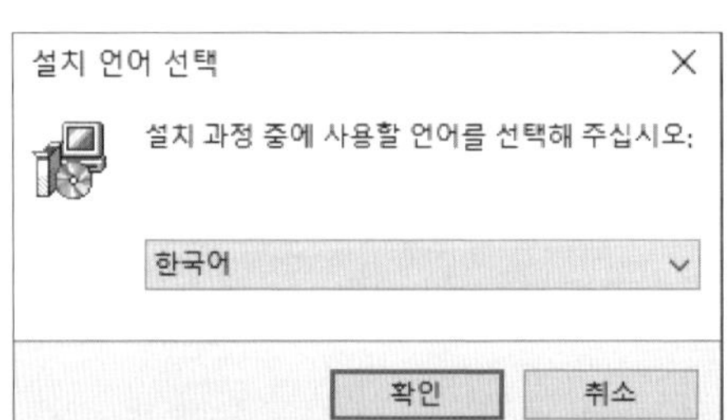

그림 1.2　언어 선택

다음은 라이센스에 대한 내용이 그림 1.3과 같이 표시된다. 이 라이센스에 동의하지 않으면 R을 사용할 수 없다. Next 버튼을 클릭한다.

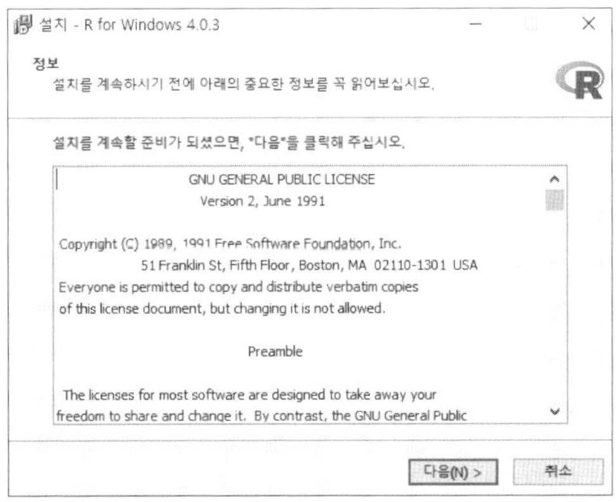

그림 1.3 R을 사용하기 위해서는 라이센스에 동의해야 한다.

그다음, 설치기가 R을 설치할 장소를 묻는다. 자주 사용되는 디폴트 디렉터리는 Program Files\R이지만, CRAN의 공식 조언에 따르면 R을 설치하는 디렉터리 이름에는 공백을 사용하지 말아야 한다. 만약 공백이 있는 이름을 가진 디렉터리에 R을 설치 하면 C++, FORTRAN을 사용한 컴파일 코드를 사용하는 패키지를 빌드할 때 문제를 유발한다. 그래서 디폴트 메시지가 그렇다 하더라도 이것을 바꿔 공백이 없는 디렉터리에 R을 설치하는 것이 중요하다.

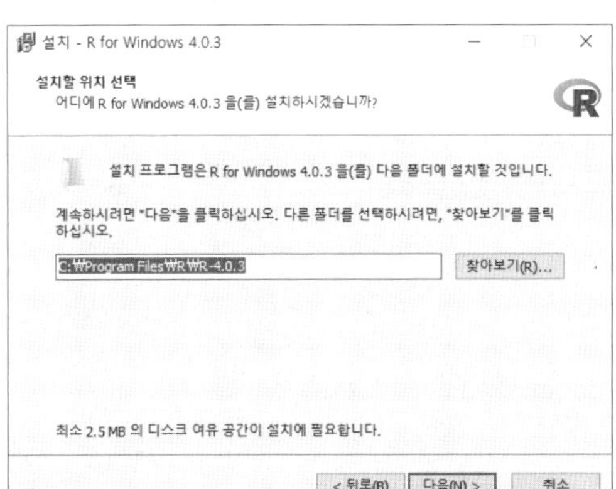

그림 1.4 공백이 없는 디렉터리에 R을 설치하는 것이 중요하다.

공백이 없는 디렉터리에 설치하기 위해 찾아보기(R) 버튼을 클릭하면, 그림 1.5과 같이 폴더를 선택할 수 있는 창이 열린다.

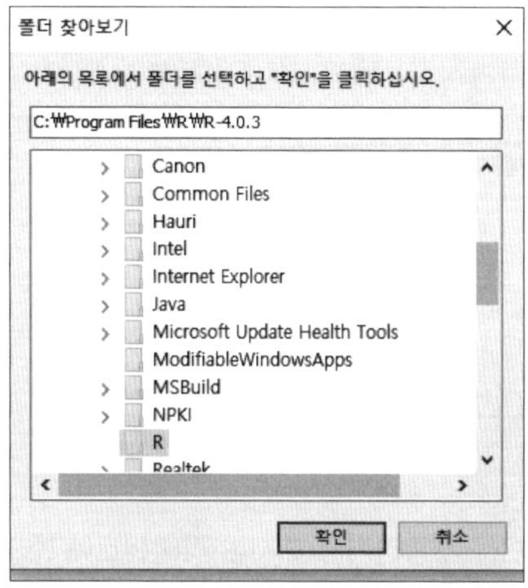

그림 1.5 R을 설치할 디렉터리를 선택하는 대화 창

따라서 C:나 다른 드라이브에 바로 설치하거나 My Documents 안에 설치하는 것이 좋다. My Documents인 경우, 공백이 있는 것처럼 보이지만 실제로는 C:₩ 경로값을 갖기 때문에 공백이 없다. 그림 1.6은 R을 설치하기에 적당한 위치에 대한 예를 보여준다.

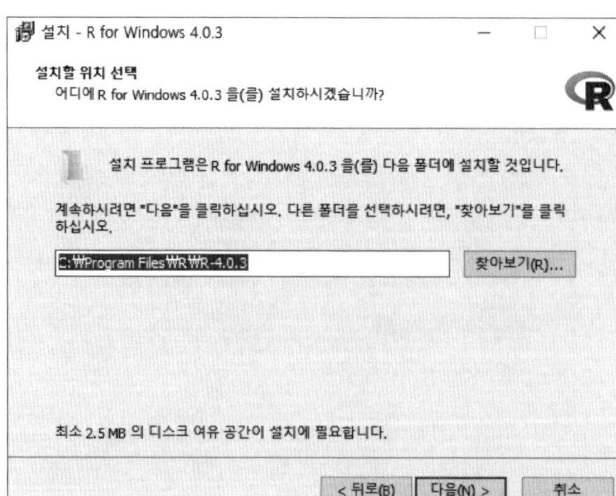

그림 1.6 이와 같이 경로 이름에 공백이 없는 위치에 R을 설치한다.

다음은 그림 1.7과 같이 설치할 요소들이 나온다. 32비트를 사용해야 하는 특별한 이유가 없다면 이것을 제외한다. 그 나머지 것들은 모두 선택한다.

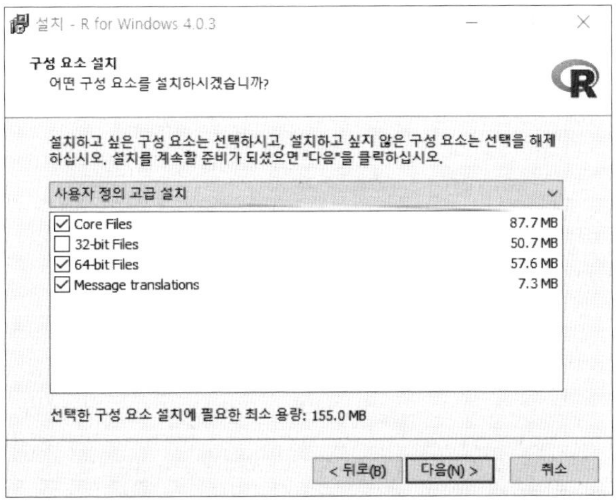

그림 1.7 32비트 요소를 제외한 나머지 것은 모두 선택한다.

그림 1.8과 같이 시작 옵션을 선택하는 것은 디폴트 값인 "No"를 선택한다. 왜냐하면, 옵션이 그다지 많지 않고 나중에 RStudio를 주로 사용할 것이기 때문이다.

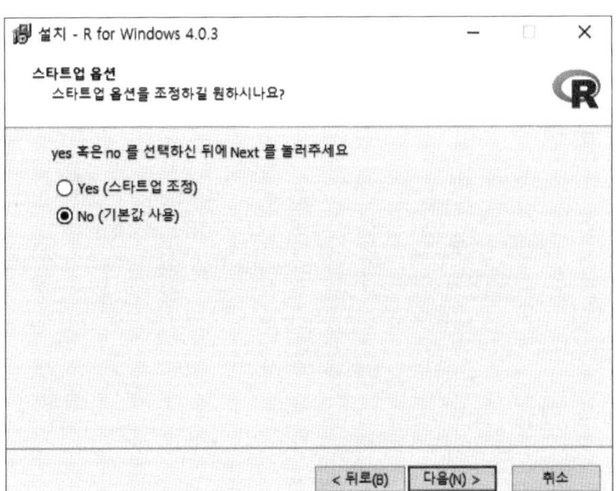

그림 1.8 디폴트로 설정된 시작 옵션을 사용한다.

우리는 RStudio를 프런트 엔드 툴로 사용할 것을 권고하기 때문에 이것이 중요하지 않다.

다음은 시작 메뉴 단축키를 어디에 둘지 선택한다. 그림 1.9와 같이 버전에 상관없이 그냥 R을 사용할 것을 권한다.

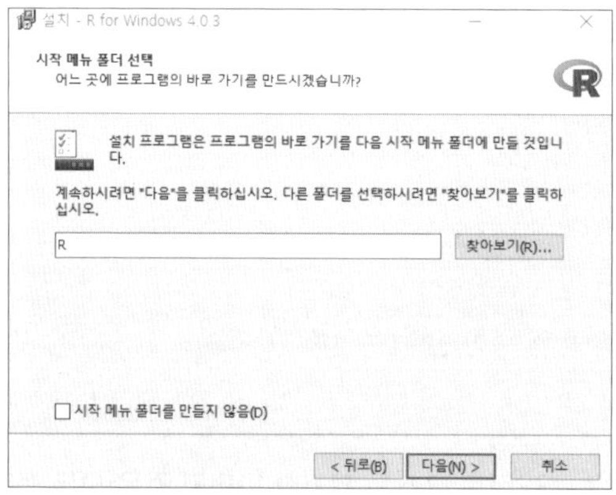

그림 1.9 단축키가 놓일 시작 메뉴 폴더에 어떤 식으로 표시할지 선택한다.

마지막 옵션은 데스크톱 아이콘을 만들 것인지, 레지스트리에 버전 번호를 저장할지를 묻고, .RData 파일이 R과 연관된 파일임을 지정할 것을 강력히 권고한다. 그림 1.10에 이런 내용이 반영되어 있다.

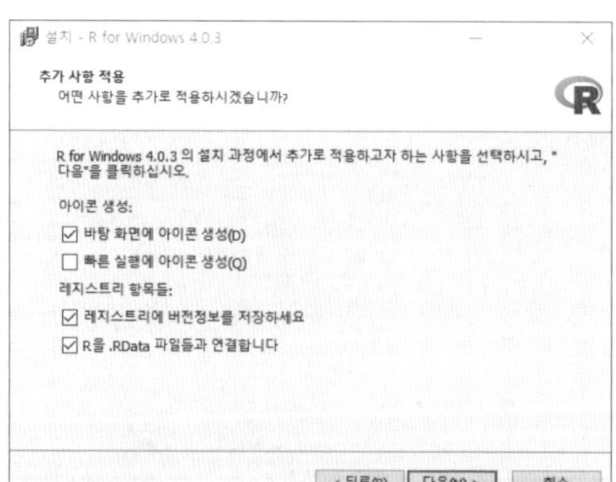

그림 1.10 우리는 레지스트리에 버전 번호를 저장하고, .RData 파일이 R과 연관돼 있도록 설정하기를 권한다.

이제 Next 버튼을 클릭하면 그림 1.11과 같이 인스톨이 시작되고 진행 안내 바가 나타날 것이다.

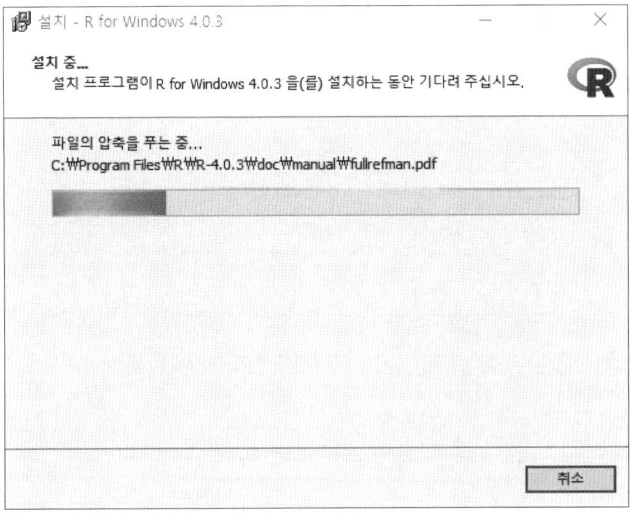

그림 1.11 설치되는 동안에는 진행 안내 바를 볼 수 있다.

마지막 단계로 그림 1.12와 같이 Finish 버튼을 클릭해, 설치가 완료되게 한다.

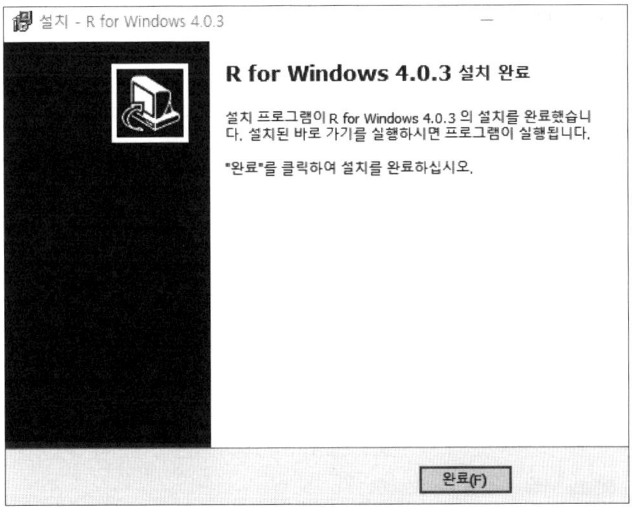

그림 1.12 설치가 완료된 것을 확인한다.

부록 2

R의 기초 문법

1. R의 기본 사용법

#(해시기호)

주석의 기능, Rcoding 내용이 무엇인지를 알 수 있도록 사용자가 설명을 달아주는 기능

Ctrl+Enter

- R의 명령어를 실행하는 기능
- 명령어가 두 줄 이상인 경우 블록을 잡고 실행
- 스크립창 RUN 버튼

R은 대소문자 구별

소문자 'a',대문자 'A'
전혀 다른 의미

R도움말 보기

'?'이나 help
예) ?summary, help(summary)

1) R패키지 사용하기

- R에서 패키지는 함수, 데이터, 코드, 문서 등을 묶은 것을 의미
- R은 오픈 소스 프로그램으로 다양한 기능이 패키지가 존재
- 패키지를 사용하는 데 필요한 함수 install.packages(), library()
- install.packages("패키지 이름"): 패키지를 다운로드해서 설치한다
- library(패키지 이름): 패키지를 로드하여 사용할 준비를 한다.

2) R연산자(산술, 할당, 비교, 논리)

(1) R산술 연산자

- 산술 연산자의 우선순위: 괄호 → 거듭제곱 → 곱하기, 나누기 → 더하기, 빼기

연산자	설명	입력내용	결과
+	더하기	3+2	5
-	빼기	3-2	1
*	곱하기	3*2	6
/	나누기	3/2	1.5
^ or **	승수	3^2	9

*주의: 동일한 우선순위의 경우 왼쪽에서 오른쪽 순서를 가짐 예) 2*3/6=1

(2) R할당 연산자

- 어떤 객체의 이름을 특정한 값에 저장할 때 사용

연산자	설명	입력내용	결과
<-, =	오른쪽의 값을 왼쪽의 이름에 저장	x<-3, x=3	동일한 값 3

*주의: '=' R에서는 같다는 의미가 아님

(3) R비교연산자

- 두 개 값에 대한 비교로서 맞은면 TRUE, 맞지 않으면 FALSE 값을 갖는다.

연산자	설명	입력내용	결과
>	크다	3〉4	FALSE
>=	크거나 같다	3〉=4	FALSE
==	같다	3==4	FALSE
!	부정	!(3==4)	TRUE
>	크다	3〉4	FALSE

*주의: 연산자 안에 공백이 있으면 에러 예) "〉(공백)="

(4) R논리 연산자

- 두 개 이상의 조건을 비교하여 결과값을 출력

연산자	설명	입력내용	결과
&	**AND의 개념** 두 개의 조건을 동시에 만족할 때만 TRUE가 되는 논리 연산	TRUE&FALSE	FALSE
|	**OR의 개념** 두 개의 조건중에서 하 나만 만족하여도 TRUE 가 되는 논리 연산	TRUE&FALSE	TRUE

2. R 데이터 종류

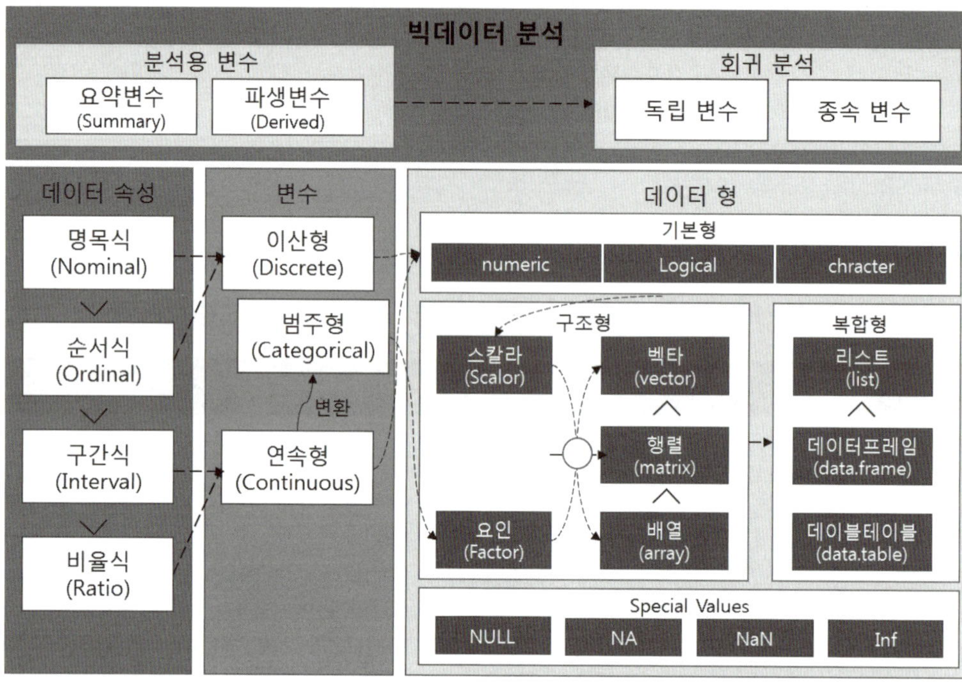

1) 벡터

- 벡터는 동일한 데이터 유형으로 이루어진 한 개 이상의 값들로 구성
- 하나의 열(Column) 구성
- 벡터는 데이터 분석의 가장 기본 단위임

(1) 벡터 만들기

- 하나의 값의 벡터

  x<−5(1개의 수치형 벡터), x<−"사과"(1개의 문자형 벡터)

  x<−TRUE(1개의 논리 연산자 벡터), x<−1−3i(1개의 복소수형 벡터)

  tip 수치형(numeric): 정수(integer)+실수(float), 문자열(string), 논리값(Boolean)
- 두 개 이상의 값의 벡터는 c(), :, seq(), sequece(), rep()

c(): combine(연결) 약자로 4가지 유형 가능(수치형, 문자형, 논리형, 복소수형)

```
예) x<-c(1,10),y<-c("apple","melon")
xy<-c(x,y)의 결과값은 문자형임 "1","10","apple","melon"
```

: **콜론**(:) 수치형 적용

- start: end 형태, start>end이면 1씩 감소, start<end이면 1씩 증가

```
예) 1:5,x의 값은 1,2,3,4,5
```

seq()

- from(시작값), to(끝값), by(증가할 때 양수, 감소할 때 음수)
- length=m 옵션을 추가하면 전체 수열 개수가 m개 되도록 자동 증가

```
예) seq(from=1,to=5,by=1) 실행하면 결과값은 1,2,3,4,5
seq(1,11,length=6) 실행하면 결과값은 1 3 5 7 9 11
```

sequence()

- 1과 지정한 숫자사이의 정수로 구성

```
예) sequence(3), 결과값은 1,2,3, sequence(3.3) 정수값이므로 결과는 1.2.3
```

rep()

- rep 함수는 replicate의 약자 (복사하다 의미)

```
예) rep(c("a","b"),times=2), 결과값은 "a" "b" "a" "b" "a" "b"
rep(c("a","b"),each=2), 결과값은 "a" "a" "b" "b" "c" "c"
- rep(c("a","b"),times=3,each=2) each>times 순서로 적용
결과값은 "a" "a" "b" "b" "a" "a" "a" "b" "b" "b"
```

(2) 벡터의 속성을 확인하는 함수

- 벡터가 가지는 각각의 값을 '원소(Element)'
- 원소가 어떤 데이터 유형, 개수, 이름을 나타내는 것을 속성이라한다.
- mode(벡터): 데이터 유형을 알려줌
- is.numeric(벡터): 데이터 유형이 numeric이 맞으면 TRUE 아니면 FALSE

- is.logical(벡터): 데이터 유형이 logical이 맞으면 TRUE 아니면 FALSE
- is.character(벡터): 데이터 유형이 character가 맞으면 TRUE 아니면 FALSE
- length( ): 원소의 개수. length와 nrow() 함수도 행렬과
  데이터프레임에서 행의 수를 알려준다.
  단 벡터에서는 대문자 NROW() 사용한다.

예) x<-c(1, 2, 3)

함수	mode(x)	is.numeric(x)	is.logical(x)	is.charater(x)	length(x)
결과값	"numeric"	TRUE	FLASE	FALSE	3

names()

- 원소 또는 변수의 이름이 무엇인지 알 수 있음
- 원소 또는 변수의 이름을 새롭게 부여할 수 있음
- 원소 또는 변수값에 원하는 이름을 문자열 벡터로 할당

```
예) x<-c(1, 2, 3)
names(x)<-c("kim", "kwan", "park")
x
kim kwan park 1      2      3
```

(3) 변수이름 규칙

- R의 변수명(객체이름)은 알파벳, 숫자, _(언더스코어), .(마침표) 가능,
- (하이픈)사용할 수 없다
- 첫 글자는 알파벳 또는 .(마침표)로 시작.(마침표) 뒤에는 숫자가 올 수 없다.

올바른 변수명(객체이름)	올바르지 않은 변수명(객체이름)
a b a1 a2 .x	2a .2 a-b

(4) 벡터의 접근(인덱싱)

- 벡터가 가지는 원소들 중에서 일부의 원소를 추출할 때는 대괄호[]를 사용
- 대괄호 안에 추출하기 원하는 원소의 위치(인덱스)를 수치로 입력

예) `x<-c("a", "b", "c")`

적용	x[1]	x[-1]	x[c(1, 2)]
의미	[]안에 원소를 가져온다	[]음의 인데스를 사용해 특정요소만 제거	여러 위치에 저장된 값을 한번에 가져올 수 있음
결과	"a"	"b" "c"	"a" "b"

Tip 다른 프로그램 언어는 첫 번째 원소에 대한 위치를 '0'으로 인식

(5) 벡터의 연산

벡터의 길이가 동일한 경우

- 벡터들간의 사칙연산이 가능 최종 결과는 벡터
- 벡터들간의 연산이 될 때 동일한 위치의 값들 간에 연산

예) `x<-c(1, 2, 3) y<-c(4, 5, 6)`

적용	x+y	x*y	x/y
의미	5 7 9	4 10 18	0.25 0.40 0.50

벡터들 길이가 동일하지 않은 경우

- 두 벡터가 원소가 개수가 다르더라도 연산과정에서 원소의 개수가 적은 쪽의 벡터는 원소 개수가 많은 쪽의 벡터와 동일하게 원소의 개수를 맞춘다

예) `x<-c(1, 2, 3) y<-c(1, 2, 3, 4, 5, 6)`

적용	결과	의미
x+y	2 4 6 5 7 9	R은 재사용 규칙에 따라 x에 3개 y에 6개의 데이터가 있다면 x1의 데이터를 추가적으로 3개가 더 생성되어 연산을 한다.

2) 행렬

- 행렬(matrix)은 데이터의 형태가 2차원으로 행(row)과 열(column) 구성
- 벡터와 동일하게 하나의 데이터 유형만 가능

(1) 생성 함수

- matrix(): nrow(행의갯수지정), ncol(열의 갯수 지정)

  byrow(행렬에 값이 입력할 때 열방향을 먼저 입력, 값이 입력방향을 행방향으로 수정할 때 TRUE 지정하고 사용함)
- rbind(): 벡터를 행 방향으로 합치는 방법. 'r'=row(행)
- cbind(): 벡터를 열 방향으로 합치는 방법. 'c'=column(열)

```
예) mx<-matrix(c(1, 2, 3, 4, 5, 6), ncol=2)
mx
[, 1] [, 2]
[1, ] 1 4
[2, ] 2 5
[3, ] 3 6
r1<-c(10, 10)
rbind(mx, r1)
[, 1] [, 2]
1 4
2 5
3 6
r1 10 10
```

예) matrix() 사용해 1~9로 구성된 3*3 행렬 만들기

	행렬 생성	행렬 접근
적용	x<-matrix(c(1,2,3,4,5,6,7,8,9),ncol=3) x	x[1,3]
결과	[,1] [,2] [,3] [1,] 1 4 7 [2,] 2 5 8 [3,] 3 6 9	7

	행렬 생성	행렬 접근
적용	x <- matrix(c(1,2,3,4,5,6,7,8,9),ncol=3,byrow=TRUE)	x[1,3]
결과	[,1] [,2] [,3] [1,] 1 2 3 [2,] 4 5 6 [3,] 7 8 9	3

Tip 다른 프로그램 언어는 첫 번째 원소에 대한 위치를 '0'으로 인식

3) 데이터 프레임

- 엑셀의 스프레드시트와 같은 2차원 데이터 구조
- R에서 가장 중요한 데이터 타입
- 여러 가지 데이터 유형을 가질 수 있음
- 통계에서 변수가 모여 집합자료가 되듯이 R에서도 벡터가 모여 데이터 프레임이 된다. 데이터 분석은 변수의 종류에 따라 분석방법이 다르다.

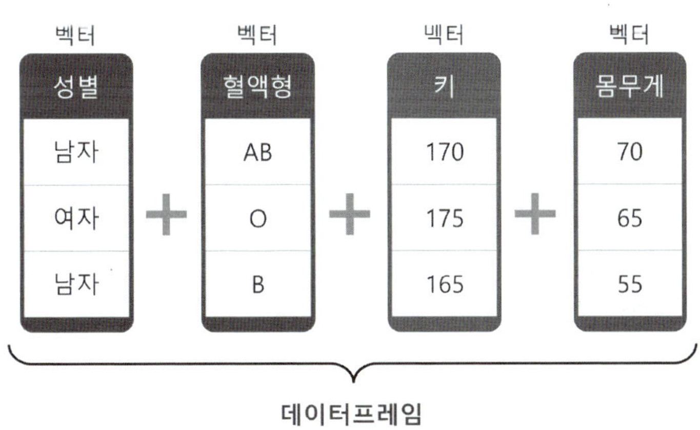

(1) 데이터프레임 생성함수

- data.frame( ): stringsAsFactors

  (문자열을 factor로 저장할것인지, 문자열로 저장할지 정하는 인자, 기본값은 TRUE)

- str(): R 데이터 구조를 확인한다.

  (행의 개수, 열의 개수, 변수명 데이터의 유형을 확인 가능)

```
예) ID<-c(1,2,3,4)
age<-c(29,30,31,32)
gender<-c("f","m","f","m")
```

	데이터 프레임 생성	
적용	df1 <-data.frame(ID, age, gender) df1	R4.0 버전부터 stringAsFactor=TRUE 디폴트
결과값	ID age gender 1 1 29 f 2 2 30 m 3 3 31 f 4 4 32 m	

	데이터 프레임 생성	
적용	str(df1)	데이터 구조 확인하기

결과값	data.frame': 4 obs. of 3 variables:
	$ ID: num 1 2 3 4
	$ age: num 29 30 31 32
	$ gender: chr "f" "m" "f" "m"	

	데이터 프레임 생성	
적용	df2 <-data.frame(ID, age, gender, stringAsFactor s=FALSE) df2 str(df2)	

결과값	data.frame': 4 obs. of 3 variables:
	$ ID: num 1 2 3 4
	$ age: num 29 30 31 32
	$ gender: Factor w/2 levels "f","m":1 2 1 2
		stringAsFactors=TRUE, Factor로 저장됨

Tip 데이터 프레임에 들어가 벡터의 길이가 다르면 에러 발생

(2) 데이터 프레임 변수 선택하기

- 데이터 프레임 객체에 '$'를 붙이고 불러오고 싶은 변수의 이름을 적어주면 된다.

```
mean(df1$age)
df1[[2]]; df1[["age"]] # 벡터 추출
df1[2]; df1["age"]      # 데이터 프레임 추출
```

4) 리스트

- 서로 다른 데이터 타입을 담을 수 있음
- list()함수 이용

리스트	x〈-list(name="kim", age=c(23))	의미
실행	$`name` [1] "kim" $age [1] 23	'x$key' 형태로 접근한다. 여기서 key='name' 의 값은 kim"
x[[1]]	[1] "kim"	key의 값만 출력
x[1]	$`name` [1] "kim"	(key, 값)을 담고 서브리스트 출력

5) array(배열)

- 행렬이 2차원 데이터라면 배열은 다차원 데이터이다.
- array(1: 12, dim=c(3, 4))

```
      [, 1] [, 2] [, 3] [, 4]
[1, ]    1     4     7    10
[2, ]    2     5     8    11
[3, ]    3     6     9    12
```

3. R의 기본적인 수치 계산

예) `a<-1: 10, b<-log(a)`

구분	적용	결과
평균	mean(a)	5.5
분산	var(a)	9.166667
표준편차	sd(a)	3.02765
합	sum(a)	55
중앙값	median(a)	5.5
자연로그값	log(a)	생략
공분산	cov(a, b)	2.112062
상관계수	cor(a, b)	0.9516624
summary()	summary(a)	Min. 1st Qu. Median Mean 3rd Qu. Max. 1.00 3.25 5.50 5.50 7.75 10.00

4. R 데이터 핸들링

1) 데이터 보기

- 데이터 값들이 어떻게 생겼는지를 확인
- 외부 데이터를 불러왔을 때 제대로 가져왔는지
- head(데이터명): 시작 데이터의 6행을 보여줌
- tail(데이터명): 끝 부분 6행을 보여줌

2) 데이터의 일부분 추출하기

gender	bloodtype	height	weight
F	AB	170	70
M	O	175	65
F	B	165	55

```
gender<-c("F", "M", "F")
bloodtype<-c("AB", "O", "B")
height<-c(170, 175, 165)
weight<-c(70, 65, 55)
df<-data.frame(gender, bloodtype, height, weight)
df
gender bloodtype height weight
1 F AB 170 70
2 M O 175 65
3 F B 165 55
```

- 열을 추출하기 데이터명
  [, 인덱스]

```
예) df[,2]=df[,"bloodtype"]
[1] AB O B
Levels: AB B O
예)df[,c(2,3)]=df[,2:3]
  bloodtype height
1        AB    170
2         O    175
3         B    165
```

3) 새로운 변수 만들기

- 데이터를 분석하는 과정에서 원자료를 이용하여 새로운 변수를 만듦
- 데이터명$새로운변수명<－함수 또는 수식

```
예) height와 weight의 합계를 나타내는 avg라는 새로운 변수를 생성
df$avg<-(height+weight)/3
df
  gender bloodtype height weight      avg
1      F        AB    170     70 80.00000
2      M         O    175     65 80.00000
3      F         B    165     55 73.33333
```

4) 데이터 조건으로 변수 선택

- 데이터 중에서 조건에 맞는 데이터 값을 추출하기
- subset()함수 이용

```
예) 키가 170이상인 데이터만 추출해서 df1에 저장하기
df1<-subset(df,subset=(height>=170))
df1
  gender bloodtype height weight
1      F        AB    170     70
2      M         O    175     65
```

5) 데이터 열 삭제하기

- 데이터 중에서 특정한 열을 삭제
- select() 함수 이용

```
예) gender 변수만 삭제하고, df2에 저장하기
df2<-subset(df,select=-gender)
df2
  bloodtype height weight
1        AB    170     70
2         O    175     65
3         B    165     55
```

6) 데이터 변수명 바꾸기

- colnames()함수는 데이터 프레임으로부터 이름만 가져와 벡터로 보여줌

```
예) bloodtype을 blood로 수정하기
colnames(df)[2]<-"blood"
  gender blood height weight
1      F    AB    170     70
2      M     O    175     65
3      F     B    165     55
```

5. 흐름제어(조건문과 반복문)

데이터분석

예) a<-1: 10, b<-log(a)

	for 반복 구문	while 반복 구문
형식	for(i in data) {i를 사용한 문장}	while(cond){조건이 참일 때 수행할문장}
의미	data에 들어있는 각각의 값 을 변수 i에 할당하면서 각각 에 대한 블록 안의 문장 수행	조건 cond가 참일 때 중괄호안의 문장을 수 행한다. for 구문과 다른점은 중괄호 구문이 만족할 때 까지 반복되므로 몇 회 반복될지 미래 정해지지 않는다.

적용	a<-c()
	for(i in 1: 9){ a[i]=i*i
	}
	a
		x=1
		while(x<5){
		x=x+1; print(x)
		}

결과	1 4 9 16 25 36 49 64 81	2 3 4 5

6. 자료의 데이터 타입 변환

데이터분석

- R에서의 객체는 다양한 형태를 가짐.

  예) 문자형, 실수형, 논리연산자, factor, 데이터 프레임

• 데이터 타입 변환 함수

함수	의미
as.factor(x)	주어진 객체 x를 팩터(factor)로 변환
as.numeric(x)	주어진 객체 x를 숫자로 저장한 벡터로 변환
as.character(x)	주어진 객체 x를 문자열로 저장한 벡터로 변환
as.data.frame(x)	주어진 객체 x를 데이터 프레임으로 변환
적용	**결과값**
as.integer(3.14)	3
as.numeric(FALSE)	0
as.logical(0.45)	TRUE

Tip 논리값인 TRUE와 FALSE를 수치형으로 변환할 때는 FALSE → 0, TRUE → 1
반대로 논리값으로 변경할 때에는 '0'인 경우에만 FALSE, '0'이 아니면 TRUE가 된다.

7. 특수한 기능들

1) paste

```
# paste 명령어는 입력 받은 문자열들을 하나로 붙여준다.
number<-1: 5 alphabet<-c("a", "b", "c") paste(number, alphabet)
[1] "1 a" "2 b" "3 c" "4 a" "5 b"
paste(number, alphabet, sep=" to the ") # 'sep=' 옵션을 통해 붙이고자 하는 문자열들 사이에 구분자(separator) 삽입
[1] "1 to the a" "2 to the b" "3 to the c" "4 to the a" "5 to the b"
```

2) substr

```
# paste와 반대로 주어진 문자열에서 특정 문자열 추출
country<-c("korea", "Japan")
substr(country, 1, 2) #country 국가명에 1번글자부터 2개의 글자만을 추출한 결과이다.
[1] "ko" "Ja"
```

부록 3

R 관련 Web Site

〈R 활용 관련 Web Site〉

구 분	사이트 이름	주 소	설 명
R 관련 참조사이트	R-Project	https://r-project.org	R프로그램 관련 공식 홈페이지
	웹에서 하는 R통계	http://web-r.org	R 설치 없이 웹을 통한 통계 분석을 할 수 있는 홈페이지
	Smalldata lab	https://smalldatalab.tistory.com/2	R설치부터 기본 사용법 까지 정리된 블로그
	ggplot2 데이터 시각화	https://statkclee.github.io/R-ecology-lesson/kr/05-visualization-ggplot2.html	ggplot2 패키지를 이용한 데이터 시각화 방법을 제공
	Plotly	https://plotly.com/ggplot2/	ggplot2 패키지로 제작된 시각화 자료 보관 라이브러리
	R사용법 설명	http://flowingtime.tistory.com/242	R설치부터 기본 사용법까지 정리된 블로그
	R 함수 정리	https://data-make.tistory.com/63	데이터 가공을 위한 기초 R 함수 정리 및 설명
		https://data-make.tistory.com/69	데이터 그룹연산을 위한 기초 R 함수 정리 및 설명
	R-bloggers	http://www.r-bloggers.com/	R에 관련된 최신 정보와 기법을 제공 (영문)
	RDM	http://www.rdatamining.com/	R을 이용한 데이터 마이닝에 관련된 정보를 제공 (영문)
	CRAN	http://cran.r-project.org	R을 이용한 데이터 마이닝에 필요한 패키지와 기법들을 정리한 사이트 (영문)
	The R graph gallery	www.r-graph-gallery.com	R로 구현된 각종 그래프들을 모아놓은 사이트로 스크립트 제공 (영문)

구 분	사이트 이름	주 소	설 명
데이터 셋 (국내)	경기 데이터 드림	https://data.gg.go.kr/portal/data/dataset/searchDatasetPage.do	경기도와 관련된 거의 모든 공공 데이터 제공
	서울시 열린 데이터광장	https://data.seoul.go.kr/index.do	서울시와 연계기관이 공개한 모든 공공 데이터를 제공
	공공데이터 포탈	https://www.data.go.kr/	교육, 건강 등 국내 공공자료에 대한 데이터셋 제공
	빅데이터 전략센터	https://kbig.kr/portal/	빅데이터 실무 분석 사례, 데이터 및 지식 공유 사이트
데이터셋 (해외)	Statista	https://www.statista.com/	분야별 통계자료, 무료계정으로 많은 자료 제공
	UC Irvine 머신러닝 저장소	http://archive.ics.uci.edu/ml/index.php	분야별 통계자료, 무료계정으로 많은 자료 제공
	Kaggle 데이터셋	https://www.kaggle.com/datasets	공공 데이터부터 인기 TV쇼 통계까지 여러 분야의 다양한 데이터를 제공
데이터 셋 패키지	R Datasets Package	https://vincentarelbundock.github.io/Rdatasets/datasets.html	
	R HistData Package	https://cran.r-project.org/web/packages/HistData/index.html	

부록 4

데이터 분석 공모전 목록

〈중 · 고생이 참여할 수 있는 데이터 분석 공모전 목록〉

대회명	주관기관	web site
전국 학생 통계 대회	통계청	https://통계활용대회.kr
통계데이터 분석 · 활용대회	통계청	https://data.kostat.go.kr
2020 금융 빅데이터 챌린지	비씨카드	https://www.bigdata-finance.kr
공공 빅데이터 분석 공모전	한국 정보화 진흥원	https://www.nia.or.kr
교육 공공 데이터 활용 대회	교육부	https://www.moe.go.kr
서울교육 빅데이터 활용 아이디어 공모	서울특별시 교육청	https://www.senbigdata.com
서울시 빅데이터 캠퍼스 상시 공모전	서울시	https://bigdata.seoul.go.kr
창원 빅데이터 공모전	창원시청	https://bigdata.changwon.go.kr
전라남도 공공데이터 활용 아이디어 공모전	전남도청	www.startupidea.kr
환경보건 · 통계 · 녹색 데이터 활용 공모전	환경부	http://spectory.net/keiti
대국민 환경 빅데이터 공모전	한국수자원공사	
문화 데이터 경진대회	한국 문화 정보원	
날씨 빅데이터 콘테스트	기상청	https://bd.kma.go.kr/contest
암 빅데이터 활용 인공지능 아이디어 경진대회	국립암센터	
범정부 공공 데이터 활용 창업 경진대회	행정안전부	https://startupidea.kr
해양수신 정보서비스/ 비즈니스 아이디어 공모전	해양수산부	https://mof.go.kr/contest
문화체육관광 빅데이터 활용 아이디어 공모전	문화체육관광부	